労働審判を使いこなそう！

典型事例から派遣・偽装請負まで

伊藤 幹郎　後藤 潤一郎
村田 浩治　佐々木 亮　著

エイデル研究所

はじめに―「労働審判制度」活用のすすめ

1．はじめに

　平成18年4月1日に開始された労働審判制度はそれまでの労働紛争解決手続の様相を一変させたと言い得る。

　実施当初は年間想定件数1,500件に届くかどうかの懸念があったものの、実際には平成20年には2,000件を超え、平成21年以降は3,500件前後の申立が続いている。平成19年には戦後初めて労働訴訟、労働仮処分、労働審判を含めた申立件数が4,000件を突破し、また以後も合計の申立件数は7,000件台で推移している。「労働裁判1万件の時代」の到来も十分予想される。

　このように、労働審判の申立件数の増大が労働訴訟の申立件数を減少させるどころか、労働訴訟の件数も増加している実態からすると、労働審判制度の開始は労使紛争を裁判所で解決するという意識を全体として底上げする重要な役割を持っていたことになる。労働審判制度は、裁判所による労働紛争解決機能を高め、労働事件全体の「掘り起こし」の効果ももたらしているわけである。

　これほど申立件数が増加している理由は、労働審判は早くて実効性があることによる。申立をしてから40日以内に第1回審判が行われ、原則として3回以内に終わるからである。最高裁の全国集計によると、平成21年から平成25年11月までの平均処理日数は73.7日であるから、約2ヶ月半以内に一定の結論が出るということである。このような早い結着はこれまでの労働訴訟や労働仮処分では考えられないことである。

　また、実効性があるということである。申立の7割が調停で終わるからである。最高裁の全国集計によると、平成24年の終局件数3,697件中、調停成立件数は2,609件で全体の70.6％であり、労働審判となったのは643件17.4％である。さらに審判のうち異議が出ずに確定したのは261件40.6％であった。すなわち、労働審判で結着をみたのは2,870件で全体の77.6％になる。この調停成立の多さは一般調停事件では考えられない数字である。

これは、審判委員会の提示する調停案を承諾しなければ審判が下され、そのほとんどは調停案通りとなることが予測されるため、調停案を承諾するということになる。また調停を拒否して審判となり、これに異議を述べて本訴に持ち込んでも多くは審判と同じ結果となることが予測されれば、時間と費用のムダということになるからである。

　調停（案）というのは、ふつう「足して二で割る」ものと考えられやすいが労働審判の調停は「当事者の権利関係も踏まえつつ事案の実情に即した解決をするために必要な審判」を前提とするため、調停案が労使紛争の常識的解決案である場合が多いことも調停で終わる一因である。これは労働審判委員会が審判官1名と労使関係に関する専門的な知識経験を有する市民2名の計3名で構成され、その合議で決められるので、あまり非常識な結論が出ないことにもよる。

　このように労働審判の最大の特徴は、判断する側にこのような市民2名が加わり、和解の条件や審判の内容を決めているということである。

　そして、労働審判の実際の進み方は、第1回期日がいきなり「天王山の戦い」とされ、審判官、審判員、双方当事者・代理人がずばり事実や評価を巡って口頭での丁々発止の質問、反論が戦わされることになる。そこでは「次回、書面にて回答する」などというゆったりした進行は予定されていない。私たちが担当する労働者である申立人の多くは、自ら申立書にあらわした事件の姿が目の前でズバズバと明らかにされていく経験をし、そして解決に至るプロセスを体感している。

　したがって、申立人側において、申立書に事件を分かりやすく描き、解決のスジ書きを作り、主張・立証を組み立てて、約2ヶ月半の期間内にそれに向かって戦略戦術を練って審判員の力も借りながら解決に持ち込むことができるのである。これぞ、今般の司法改革の目玉である市民参加（国民参審）の真骨頂というべきである。

　もし、このように労働審判を活用できれば、これまで裁判官主導で行われてきた労働裁判を申立人側主導で遂行できるということになる。その意味で申立人側（代理人弁護士と申立人本人）の力量が問われるが、これまでになかった画期的制度というべきものである。労働審判の活用を勧める所以である。

2．本書の目的

　労働審判が前記のようなものであることから、もっと多くの労働者に活用していただきたい。

　相談を受ける弁護士も、早期に勝利的和解を勝ち取れることに確信をもって積極的に労働審判申立に挑んでほしい。

　本書はそのような観点から、労働者側の相談を受ける立場の弁護士や組合活動家の方などを対象として編集したものである。もちろん、これから労働審判を活用しようとしている人が読んでも理解できるよう、わかりやすく説明したつもりである。

3．編集方針

　一つは、できるだけ多数の解決事例を取り上げたことである。

　一つひとつの解決事例は、事件の当事者と担当した弁護士の労働審判ルールを踏まえた創意と工夫の結晶とも言い得る。新しい労働審判ルールを具体的に作り出して解決した事例もある。

　二つめは、地方・時期の特性を一般化し、4名の弁護士がそれぞれ担当した事件を、事件類型別に並び替えた。これによって、一定の「労働審判ルール」が浮かび上がるのではないかと考えた。

　労働審判事例の編集は、もともと労働審判手続が非訟事件的性質を持っているため、「非公開」とされている。そして多くの解決事例も、調停解決した場合に「第三者口外禁止」条項を付されることがある。

　だが、労働審判による解決は、労働審判ルールとも言うべき労働法レベルの「ルール・オブ・ロウ」を形成しているのである。そのようなルールを非公開のままにしておくべきではない。

　特に労働審判を積極的に担い、双方の立場で代理人となり、またなろうとする弁護士の立場では、どのような事案にどのような労働審判申立ができるか、どのような期日経過をたどるか、そしてどのような解決が得られているか、など労

働審判の入り口から出口まで見通すことが求められている。

4．本書の特徴

　本書の特徴は、第一に事例の豊富さである。解雇、残業代請求という典型的な事例から、いじめ・ハラスメントなどの現代的事例、さらには、派遣、偽装請負などの複雑な事例まで、全て網羅している。労働審判を扱う類書と比べても群を抜いた事例の数である。

　特徴の第二は、事件類型ごとに労働審判におけるポイントを示した点である。基本的な知識と労働審判手続の中でどこまでできるのか、できたのか、について簡潔に解説した。特に労働者派遣にかかわる事件については類書に例を見ないだろう。

　特徴の第三は、労働審判を多く扱ってきた弁護士による座談会形式による労働審判手続の魅力と将来への課題である。4名の弁護士が語る内容の共通点と相違点によって労働審判手続について具体的かつ立体的に把握できるものと思われる。

　どこから読まれても労働審判を使いこなそうという方の参考になると自負している。そして労働審判は面白いと思っていただければ幸いである。

もくじ

はじめに─「労働審判制度」活用のすすめ　2

第1章　典型的な解決事例 …………………………………………10
　　　　　─解雇・金銭請求─
　　Ⅰ．解雇事件について　10
　　Ⅱ．整理解雇事件の留意点　16
　　Ⅲ．配転拒否解雇事件の留意点　16
　　Ⅳ．退職を巡っての留意点　17
　　Ⅴ．出向を巡っての留意点　17
　　　　労働審判申立書・補充書面サンプル　18
　　Ⅵ．金銭請求について　43
　　　　労働審判手続申立書サンプル　51

第2章　特殊な雇用形態の事例 ……………………………………62
　　Ⅰ．はじめに　62
　　Ⅱ．派遣、請負など三者の労働契約関係と労働審判の相手方　62
　　Ⅲ．違法派遣（偽装請負）関係と労働審判の対象　69
　　Ⅳ．改定労働者派遣法（平成24年成立）施行後の課題　72
　　Ⅴ．その他の特殊の契約形態の労働者の事例と実際　74
　　　　労働審判手続申立書・補充書面サンプル　77

第3章　こんなふうにも使える労働審判の活用事例……………98
　Ⅰ．労働審判だから活用の工夫ができること　98
　Ⅱ．事例紹介と検討　99
　［事例1］定年退職を間近に控えた労働者の賃金請求の申立について退職金額の確定を含んだ調停が成立した例　99
　［事例2］困難が予測された自己都合退職について、労働審判手続を利用して円滑に進めたケース　102
　［事例3］同僚のセクハラ被害を告発し懲戒・配転させられた労働者の要望に基づき、セクハラ方針・規定の是正を行ったケース　106
　　　　　労働審判手続申立書・補充書面サンプル　110

第4章　労働審判における手続上の工夫………………………116
　Ⅰ．労働審判と土地管轄　116
　Ⅱ．審判前の保全措置　117
　Ⅲ．複数人の申立　118
　Ⅳ．使用者からの申立　124
　Ⅴ．審判申立による裁判中断効について　126
　Ⅵ．異議後の訴訟審理について　127

第 5 章 〈座談会〉労働審判制度をどう活用するか
― 労働審判は面白い！ ―……………………………128
   審判官、審判員など「人」の問題について　128
   申立時の留意点について　135
   陳述書について　137
   代理人の心構えについて　140
   申立書のボリュウム　144
   証拠説明書をどう活用するか　148
   第 1 回審判期日にあたって　149
   地位確認事案で金銭解決をはかるタイミング　152
   解決金の水準について　153
   労働審判にふさわしい事案とは　160
   残業代や労災事件は不適切事案なのか　164
   調停と審判、どちらを目的とするのか　168
   労働審判制度をよりよくするために　173

第 6 章　労働審判事件受任の心構え……………………………182
   Ⅰ．労働審判事件を受任するにあたって　182
   Ⅱ．〈座談会〉弁護士費用の問題について　185

おわりに　188

巻末資料　191
労働審判事例一覧　194
　　　　地位確認/普通解雇　194　　　地位確認/整理解雇　211
　　　　地位確認/懲戒解雇　214　　　地位確認/雇止め　215
　　　　地位確認/退職・その他　218　　　地位確認/内定取消　223
　　　　地位確認/配転・その他　225
　　　　金銭請求/賃金・残業代　228　　　金銭請求/退職金　239
　　　　金銭請求/損害賠償　241
　　　　人事/配転・降格　244　　　人事/懲戒処分　246
　　　　特殊/派遣　247　　　特殊/その他　250
労働審判調書　251
　　　　（1）労働契約終了に対応する労働審判調書　251
　　　　（2）いわゆる復職に対応する労働審判調書　252
　　　　（3）派遣先、派遣元を相手方とした労働審判調書　253

第1章 典型的な解決事例
―解雇・金銭請求―

I. 解雇事件について

1．申立時の留意点

（1）まず第一に、解雇通知書の確認と解雇理由を明確にすることである。解雇通知書が交付されていない場合や解雇理由が明白でないものは、配達証明（内容証明）付郵便で、使用者に解雇通知書の交付と解雇理由を具体的に明示した書面の交付を求める（労基法22条）。それには回答期限を必ず付記し、期限を過ぎても回答がない場合は、ためらわず申立することである。このように事前に解雇理由を確定させるのは、労働審判になって使用者側にあれやこれやと言わせないためであることは言うまでもない。

なお、後掲の座談会（第5章）の中では、解雇理由をどこまで具体的に求めるかに関して、"深追いを避ける"考え方も紹介されている。この場合、代理人名で求めるか、本人名で求めるかの戦術論もある。それは代理人が使用者側に解雇理由の開示を求めると、使用者側が構えてしまい、弁護士に依頼して周到な理由書を書いてくることがあることを用心しての議論であり、非常に戦術的で一理あるといえる。

また事案によっては、相手方（代理人）との折衝による解決というのはもともと期待できず、労働審判で決着を付けるべき場合もあり、その際は相手方との折衝なしで直ちに申立することになる。そのほか事前に労働組合が入って交渉していたが、まとまらなかったような場合も直ちに申立することとなろう。

さて、具体的な解雇理由が明らかにされ、これに具体的な反論をすることができるような事案であれば、以下（（3）（イ））に述べるように、その時点で解雇撤回を勝ち取れる可能性がある。解雇理由が明示された場合、それに対する反論

書（解雇に正当理由がないこと）を使用者に出しておく。そしてその際、「解雇を撤回しなければ、労働審判の申立をする」ことをあらかじめ知らせておく。

（2）第二に、解雇に至る経緯と解雇理由とその反論を、申立人と共同して陳述書にまとめることである。これが良くできていれば、労働審判申立書は完成したも同然である。ただし、事案が簡単な事件は、陳述書なしでも申立を可とすることがある。なお、陳述書を提出するかどうかについて、各地裁によって考え方の差、つまり温度差があることが、後掲の座談会（第5章）の対談の中で明らかにされている。そのため、代理人弁護士が陳述書を提出するかどうかは、対応する地裁の姿勢の影響を受けることになろう。

ちなみに、陳述書の運用については、①労働審判申立書・訂正申立書・答弁書などの書面と同一の扱いで審判員に送付される運用、②陳述書も一つの書証として、㋐審判員用の書証写しの提出を認める運用（ただし地裁内に審判員用の書証ファイルが作成され、審判員が地裁内ではいつでも閲覧ができるようにされているのが通常である）、㋑審判員用の書証写しの提出を認めない運用、とに区分される。②㋑の運用においては、申立書に陳述書を添付して申立書の一部とするなどの工夫・努力も見受けられるが、そうでなければ申立書の記述の中に申立人の感情（怒りや悲しみ）を書き込むことになる。労働審判申立書は訴状ではないのでこのようなやり方も許される。

（3）第三に、この陳述書を下敷きにして申立書を作成する。作成の方針は以下の通りである。

　（イ）申立の趣旨（主文）は大胆・強気で行く。

　申立人が必ずしも職場に戻るつもりがなくても地位確認で行くべきである。申立の趣旨を「相手方は申立人に対して金○○円を支払え」などとし、はじめから慰謝料等の金銭請求をするのでは、多くを得ることは望めないと知るべし。必ずしも職場に戻る意思がなくとも、そのように主張しないと多くの解決金は望めないからである。

　なぜなら、和解条項上、解雇撤回をさせて相手方都合で退職すれば、解雇から解決時点までのバックペイ相当の全額が原則として出ること、その上さらに

数か月分の生活保障賃金相当分を請求できるからである。しかも解雇撤回させることは申立人の名誉回復と雇用保険金の取得に有利となる。

万一、相手方が「それなら解雇を撤回して職場に戻す」と言ってきたら、原職復帰に徹底してこだわることが重要である。解雇して数か月経れば職場には原職がないのが一般である。また新規採用などで補充されている場合も多い。したがって、安易に解雇撤回論に乗ってはならず、徹底的に原職復帰にこだわって、相手方の解雇撤回論の虚偽（使用者は一旦解雇した者を戻したくないのが本音）を追及することを念頭に置くべきである。

　（ロ）申立の理由は、解雇の正当事由がないことの他に、解雇手続の不当・不正を強調することも重要である。

これは労働審判委員会の心証をとるために必要だからである。なぜなら審判員は解雇理由の正否の判定がつかなくても、解雇の手続が酷い場合は、経験ですぐ判るものだからである。大企業では一般的に解雇の手続は慎重である。審判員はそういう大企業ないし大企業労組の出身が多いと思われるため、中小・零細企業での乱暴な解雇のやり方には直感的に違和感を抱き、その解雇はおかしいということになり、申立人側の勝利的な和解に繋がり易いのである。

基本的に労働契約法16条違反の事実関係（解雇に客観的合理的な理由がなく、社会的相当性がないこと）を丁寧に記述するのであるが、同時に労基法違反、例えば解雇予告手当を払わないで行った即時解雇や、業務上負傷したり病気になったりした休業中の労働者を解雇しているような場合（法19条、20条）には、その事実関係なども正確に記述することである。

　（ハ）当然のことであるが、わかり易く丁寧に記述することが肝要である。

これは審判員が法律家ではないことに留意し、事案の理解が得られるようにする必要があるからである。原則として長文とならないこと、及び、難しい言い回しをちりばめたり、法律用語や判例の濫発は避けるようにすること。

なお、時間の推移に混乱が生じないように、時系列表を付けるなどの工夫をすること、申立の理由中に、主張を裏付ける証拠を引用することなども効果的である。引用の仕方は（甲1　就業規則）程度では足りず、（甲1　就業規則第

◎◎条には「□□□□」と規定されている)というように、書証の地の文を引用することである。

(ニ) 争点を明確に指摘することが必要である。

これが的確であれば、相手方がいろいろ主張してきた場合でも、労働審判委員会はそれを顧慮することなく、本来的争点のみを取り上げて結論に至るであろう。第1回労働審判期日を充実させ、早期解決に資するものである。争点の中で解雇の無効を法規や判例と照らし合わせて論ずる方法もあるが、筆者は争点とは別に「申立の根拠」ないし「請求の根拠」という項目を起こして、そこで論ずるようにしている。

(ホ) 労働契約法・労働基準法・著名な判例や通達の活用。

きちんと条文を押さえ、合理性や社会的相当性についての通説的な解釈論を展開すべきである。

(4) 第四に、提出すべき証拠は申立時に全部提出することである。期日は原則3回しかないからである。これについては、できるだけ選んでベストエビデンス（だけ）を出すべきとの意見もある。間接証拠も含めて、ある物は全部出すという場合には、きちんと証拠説明書に意を払って、その証拠の持つ意味などを記述することが重要である。審判員の中には多量の書証を読み通せず、証拠説明書だけを読んで労働審判期日に臨む方も相当数いると見受けられるからである。

もっともコピーや写真では、その証拠の持つ衝撃力・迫真力を減殺する場合もある。また事前提出しておくと、相手方がその証拠と拮抗する証拠を準備する可能性もあるので、本人に対する審尋の補助として期日当日に現物の証拠を持参することが非常に効果的な場合もある。

2．第1回審判期日に当たっての留意点

(1) 第1回審判期日が「勝負」と知るべし。とにかく第1回期日が勝負の日だということを肝に銘じて臨むことである。

そのためにやることは、相手方に答弁書を1週間前には出させる。これはどこの裁判所でもそのように指示しているので、出ない場合は裁判所から催促しても

らうことである。出たらその反論の「補充書面」をどんなに遅くとも当日までに必ず提出すること。補充書面には答弁書に対する認否・反論の他、冒頭に事案の本質（エッセンス）を簡潔に指摘しておく。冒頭の文章を読みやすく、短く、印象深く書くことで審判員の心証を掴まなければいけない。これは、膨大なあれやこれやの相手方の言い分に一つひとつ認否反論しているうちに、とかく本質を見失いがちになるからである。なお、審判員の出頭のタイミングを考慮すると、第１回期日のせいぜい30分から１時間程度前の事前協議の時間ぐらいしか補充書面が読まれる時間はない。しかし審判官は必ず読んでいるから事前提出は重要である。

　残念ながら相手方からの答弁書が予定通り（通常は第１回期日の１週間前）に届かない場合もある。ひどいときには審判の前日とか当日という場合もある。前日に届いた場合などは、いきおい１頁ほどのレジュメないしメモ程度の書面を作る程度とならざるを得ないが、それだけにできるだけ凝縮した内容を簡潔にまとめるよう心がけるべきである。当日提出された場合は、短時間でも申立人と打ち合わせをして、口答で反論を用意することになる。この場合はそのことの不当性をまず述べることである。

　（２）相手方の代表者・関係者への尋問の工夫をする。審判委員会が先にやるが、真実はどちらにあるかを明らかにするためである。審尋の工夫が必要なことは解雇事件に限らないが、適切なタイミングで（審尋の進行には配慮しながらも）申立人側から相手方代表者や関係者に対して適切な質問をすることを心がける。

　（３）申立人と良く事前の打ち合わせをしておき、本人にも喋ってもらうことである。審判委員会に申立人の意気込みと人柄を伝えるためであることはもちろんであるが、解雇事件の場合、比較的審判官は解雇理由について申立人からも直接事実関係を聞くことも多い。単に意見を述べるだけではなく、とりわけ答弁書等で申立書の経緯と異なる解雇理由や経過が記述されているような場合には、相当微細にわたって申立人に対する質問が試みられることがあるので、周到な事前の打ち合わせが必要である。その場合、ボロを出すのは使用者（社長など）に多いものである。嘘はたいてい使用者側にあり、申立人側にはないのであるから、申立人に対して「雄弁である必要はない」こと、「ていねいに話しきる」こと、「社

長や重役の前で喋るのはこれが最後なのだから正々堂々と話す」ことを説明して、打ち会わせを充実するように心がける。
　(4) 1回目から調停が始まることが多い（第1回がいきなりクライマックス）ので、そのための心構えを作っておくことである（巻末の労働審判事例一覧参照。かなり多くの解決事例は1回目に調停成立で解決している）。

3．第2回審判期日以降の留意点
　(1) 和解での解決が基本である。これには異論もあろうが、労働審判は「早く」が命であり、そのうえで「それなりに権利が回復」できれば良いと考えるからである。何が何でも解雇を撤回させ、職場に戻ることを考えるのであれば、本訴の提起を考えた方がよいかもしれない。
　(2) 和解は柔軟に対応すること。和解できないで審判で終了することもあるが、審判に異議を出されて本訴になると長期化するので、できる限り調停成立を期すべきだからである。
　(3) そのため代理人の「和解力」が大切となる。相手方と審判委員会に対する説得力を身につけることである。時に申立人に対しても必要となることがある。最終的に労働審判委員会が提案した調停案に申立人が同意しないような場合、労働審判委員会にどうしてそのような調停案になったかの説明を求めることも必要である。それによってそれなりに納得する申立人もいるからである。

4．その他の留意点
　解決金について、現在のところ、基準と呼べるものはないが、一つの提案として、「バックペイ全額と賃金の6か月分の解決金」を提案する。初めから低い提案では高水準の解決は得られないからである。これにプラス・マイナスする要素として、①解雇の正当事由の濃淡（解雇理由が全くない場合と多少申立人にもキズがある場合では違う）、②年齢が若ければ下げる（再就職が容易）、③賃金が高額であれば月数は下がる（月給10万円の人と70万円の人では違う）、④勤続年数が短ければ下げる（勤続1年の人と20年の人では貢献度が違う）。

なお、これは一つの提案、すなわち私的な目安であって、多少の地域差があってもやむを得ない。いずれ労働審判の和解例が集積され、何らかの形で公表されれば、それが基準となるのではないだろうか。

Ⅱ. 整理解雇事件の留意点

１．整理解雇の４要件
　　整理解雇が有効となるには、普通下記の４要件が必要とされている。
①人員削減の必要性が存在すること。
　すなわち人員削減の措置が企業経営上の十分な必要性に基づいていること、ないしはやむを得ない措置と認められることである。
②解雇を回避するための努力が尽くされていること。
　すなわち使用者は、経費削減（役員報酬を含む）、新規採用の停止、労働時間短縮や賃金カット、配転、出向、一時帰休、希望退職募集など他の雇用調整手段によって解雇回避の努力をする信義則上の義務を負うのである。
③解雇される者の選定基準及び選定が合理的であること。
④事前に説明・協議義務が尽くされたこと。
２．解雇事由がこの４つの要件を充たしているかを具体的に検討して、充たしていなければ解雇権の濫用として無効となる。
　ただし、①の要件は経営側の土俵であるから、あまり踏みこまずに他の要件を具体的に検証することである。②や④の要件は比較的審判員の知識・経験が生かされる分野だと考えられる。解雇回避努力について言えば、賃金カット率などが経営層に小さく労働者に大きな比率になっていないかなどの事情は審判員の心証形成に強く訴えるものである。そのように主張と立証の工夫をすることである。

Ⅲ. 配転拒否解雇事件の留意点

１．配転自体の無効を争って裁判所で勝利することは一般的にかなりハードルが

高いと見られるが、それを拒否したことによって（懲戒）解雇されることの争いは、配転の有効無効を争うほど困難ではない。
2．配転内容の不当性を徹底的に主張すること、それと併せて配転の手続の不当性も徹底的に主張すること。それによって解雇することまではやり過ぎ（解雇権の濫用）との心証を審判委員会でとることが重要である。

Ⅳ. 退職を巡っての留意点

1．退職勧奨拒否の解雇については、解雇権の濫用となり問題はあまりない。
　しかし、勧奨に負けて退職届を出してしまった場合はかなりハードルが高い。
2．したがって、労働者が自発的に退職届を出すことを安易に承認しないことが重要である。しかし退職届を出してしまっても、退職勧奨の仕方が強迫じみていたり、詐欺に等しいような場合も多い。
　したがって、このような事情が必ず存在するはずだとの確信を持って、よく労働者から聞き取りをして、使用者側の退職の迫り方を具体的かつ詳細に主張することである。このような聞き取りによって退職届を出してしまったのもやむを得ないとの心証をとれば、労働審判では勝利的和解も可能である。
　厳密な法解釈において、詐欺・脅迫などの要件に該当するかを検討すると、否定的に見える場合であっても、簡単に申立を諦めるべきではない。

Ⅴ. 出向を巡っての留意点

1．出向は別会社へ行かされることであるから、本人の同意を得るべきである。したがって、同意をしていなければ、そのことを主張するとともに、労働契約法14条に照らして出向の不利益性等も徹底して主張する。
2．出向拒否の解雇は、原則として無効である。

労働審判申立書

平成〇〇年 〇月 〇日

〇〇地方裁判所第〇民事部　御中

〒

　　　　　　申　立　人　　X

〒〇〇〇-〇〇〇〇　〇〇市〇〇区〇〇
　　　　　　〇〇法律事務所（送達場所）
　　　　　　ＴＥＬ　〇〇〇-〇〇〇-〇〇〇〇
　　　　　　ＦＡＸ　〇〇〇-〇〇〇-〇〇〇〇
　　　　　　申立人代理人　弁護士　A

〒

　　　　　　相　手　方　　Y

地位確認等請求労働審判事件

　　申立の価額　　金1,600,000円
　　貼用印紙額　　金　　 6,500円

申立の趣旨

1 申立人が相手方に対し、労働契約上の権利を有する地位にあることを確認する。
2 相手方は、申立人に対し、平成22年10月5日以降毎月26日限り金13万3942円及び各支払期日の翌日から支払済みまで年5パーセントの割合による金員を支払え。
3 申立費用は相手方の負担とする。
との労働審判を求める。

申立の理由

第1 当事者

1 申立人
　申立人は平成22年4月9日、相手方と面接の上同月15日内定となり、22年5月7日から就労した。
2 相手方
　相手方は肩書地でBクリニックを経営する医師である。

第2 本件解雇

1 相手方は平成22年9月7日、申立人に対し10月5日付をもって解雇するとの通知をした（甲1号証1頁）。
2 解雇理由は「診察時間を間違えた」「在庫を多く発注した」というもので口頭で言われた。

第3 労働契約の内容と解雇までの経緯

1 労働契約の内容
　雇用形態　正社員
　雇用期間　期間の定めなし。但し、1〜3ヶ月間は試用期間。
　勤務時間　午前8時半からで終業は月曜水曜が19時半、火曜金曜が18時半、土曜が12時である。
　休日　木曜と日曜

賃金　時給９００円
　　　賃金の支払　毎月２０日締めの２６日払い
　　　仕事の内容　医療事務及び会計、視力検査
　２　解雇の経緯
（１）５月７日（金）より、勤務開始（研修期間のため１７時半まで勤務）。５月１７日（月）から先任のスタッフが出勤せず、そのまま退職となる。もう１人のスタッフは１８時までの契約のため、申立人が１９時半の診察終了時間まで１人で受付業務を担った。
　　　医療事務は未経験のため、時にミスなどはあったものの、とくに大きなトラブルや遅刻、欠勤もなく勤めた。
（２）７月の後半、申立人は自分の雇用形態が気になり、相手方に「私は正社員になれますか」と聞いたところ、「来月お盆休みを挟むからその後にでも」との返事であった。
（３）９月１日、申立人は相手方に「３ヶ月経ちましたが、私はいまだ試用期間なのか、正社員なのか」と聞いた。それに対し相手方からは「まだ仕事が未熟であるから正社員にはできない」と言われた。そのため申立人が労働法を解説した紙を見せようとしたところ、相手方は突然「そのような考え方は危険だから、今日にでも辞めてもらう」と言った。
（４）９月６日、相手方から「あなたはこの仕事に向いていない。ここで仕事をしていけるとは思わない。分かるでしょう」と退職勧奨をされた。申立人は「わかりません」と答え、退職には同意しなかった。
（５）翌７日、相手方から「あなたに辞めてもらいます。ここに居させられない。二週間後に退職してください」と言われ、申立人は「解雇ですか」と聞いたところ、「解雇です」と言われた。
　　　申立人は「解雇であるなら１ヶ月後にしてください」と言ったところ、相手方はカレンダーを見ながら申立人と話し合って１０月５日と決めた。
（６）９月８日、「あなたに任せられる仕事がない」と言われ、１日中仕事を与えられなかった。また雑務をしようとすると、「勉強をしていて」と言われ、

検査室のはじに追いやられた。

（7）その後申立人は解雇の理由を文書にするよう求めたが、断られた。口頭では「診察時間を間違えた」とか、「在庫を多く発注した」等が挙げられた。それに対し申立人が「どれも解雇に匹敵する理由とは思えない」と言ったところ、相手方は「自分が経営者だから、気に入らない従業員を解雇するのは自由だ」と言い放った。

（8）それから1ヶ月、申立人は院内の掃除や検査用のレンズをふく以外の仕事は与えられず、受付に近寄るだけで「あっちに行って！あっちに行って！」と大声で何度も言われた。また、書類を整理するような雑務をしようとすると「余計なことはしないで」と仕事を取り上げられるような始末であった。さらに「足音がうるさいからじっとしていて」とひたすら待機することを命じられ、挨拶も返されず、1ヶ月間無視を行うというような、嫌がらせも受けた。

（9）申立人が相手方の記録を見ると、ここ1年で5人の退職者が出ており、患者さんからも「ここは来るたび人が変わってしまう」という声を聞いた。

申立人は解雇されたことも納得ができず、また1ヶ月に渡り嫌がらせを受けたことにより精神的な苦痛を受けたことにつき労働基準監督署に相談した。監督官が相手方に解雇予告手当の支払を求めたところ、相手方はこれは解雇ではなく退職であると主張し、解雇予告手当の必要はないと主張したとのことであった。

しかし申立人は退職願いやその類のものは一切出していない。また解雇通知書を請求したにもかかわらず、交付を受けていない。

第4　申立までの経過

1　平成22年12月2日、申立人はS労働局にあっせんの申立をした（甲4号証の1）。しかし相手方は出席しなかったため打ち切りとなった（甲4号証の2）。

2　申立人は平成23年1月20日申立人代理人に本件紛争の解決を依頼した。

申立人代理人は同日付で下記通知書を相手方に発し、翌21日相手方に到達した（甲5号証の1，2）。

「通知人は、平成22年4月9日ハローワークの求人票に従って貴殿と面接し、4月15日内定となり、5月7日より勤務を開始しました。

その後9月になって貴殿は通知人に退職勧奨をするようになり、それを断った通知人を10月5日解雇されました。

しかし、解雇通知書も理由書も通知人の要求にもかかわらず交付されていません。

よって、このままでは解雇理由がわかりませんので本書をもって解雇理由書の交付を請求いたします。

これは労働基準法22条1項に基づく請求ですので、本書到達後1週間以内に書面で当職宛に回答下さるようお願いします。」
3　1月25日、相手方から「弁護士C氏に依頼」したとの通知があった。
4　しかし相手方代理人から期限を過ぎても回答がないため、2月1日解雇理由を開示するよう催促したところ、2月3日「退職事由に係わる退職証明書」なるものが届き（甲6号証）、そこには「当医院の勧奨による合意退職（経緯については、平成22年11月8日付『通知書』記載のとおり）」とあった。

なお上記通知書には、本件は解雇でなく申立人が退職勧奨を受け入れたための退職である旨の記載があった。

第5　本件申立の根拠
1　合意退職の不存在

申立人が退職を申し出たことは一切ない。もちろん退職届を提出したこともない。従って、「合意退職」などということはありえない。

相手方は退職勧奨をしたが、申立人が拒絶したため解雇を言い渡したものである。

2　解雇の無効性

申立人が解雇の理由を問い質したところ、相手方は口頭で「診察時間を間違えた」とか「在庫を多く発注した」ことを挙げた。

しかしこの程度の仕事上のミスでは正当な解雇理由となり得ない。すなわち本件解雇は「客観的に合理的な理由を欠き、社会通念上相当であると認められない場合」に該当する（労働契約法１６条）。よって本件解雇は無効である。
　３　賃金の支払い
　　合意退職の事実がなく、また本件解雇が無効であれば、相手方には平成２２年６月分から２２年９月分までの４ヶ月間の給与の平均額である金１３万３９４２円の賃金を支払う義務がある（甲３号証の２～５）。なお、支払いは毎月２０日締めの２６日払いである。

第６　争点とそれに関する重要な事実
　１　争点
（１）合意退職があったかどうか。
（２）合意退職でない場合、解雇が労働契約法１６条に違反するか否か。
　２　争点に関する重要な事実
　　上記第５項主張の事実。

第７　結論
　　よって、申立人が相手方に対し、労働契約上の権利を有する地位にあることの確認、並びに相手方は申立人に対し平成２２年１０月５日以降毎月２６日限り賃金１３万３９４２円及びこれに対する各支払日の翌日から支払済みまで民法所定の割合による年５パーセントの遅延損害金の支払を求める。

第８　証拠方法
　１　甲１号証　　　　　　陳述書
　２　甲２号証　　　　　　求人票
　３　甲３号証の１～６　　給料明細書（平成２２年５月分～１０月分）
　４　甲４号証の１あっせん　申請書
　５　甲４号証の２あっせん　事案打切り通知の送付について
　６　甲５号証の１　　　　通知書
　７　甲５号証の２　　　　郵便物等配達証明書

8	甲6号証	退職事由に係わる退職証明書

第9　附属書類

1	申立書副本	4通
2	甲1号証ないし6号証（写し）	各5通
3	訴訟委任状	1通

労働審判申立書

平成○○年　○月　○日

事件名　地位確認等労働審判申立事件
○○地方裁判所　御中

申立人代理人弁護士　Ａ

〒
　　　　申　　立　　人　　　Ｘ

〒○○○-○○○○　○○県○○市○○区○○
　　　　申立人代理人弁護士　　　Ａ

〒
　　　　相　　手　　方　　　Ｙ株式会社
　　　　代表者代表取締役　　　Ｂ

申立の価格　１６０万円
手数料　６，５００円

申立の趣旨

1 申立人が相手方に対し、労働契約上の権利を有する地位にあることを確認する。
2 相手方は、申立人に対し、平成19年8月20日以降毎月25日限り金31万円及び各支払期日の翌日から支払済みまで年6パーセントの割合による金員を支払え。
3 申立費用は相手方の負担とする。
との労働審判を求める。

申立の理由

第1 当事者

1 申立人

申立人は、昭和63年9月25日、相手方Y株式会社（以下、会社または相手方という）に入社し、金網の製造に従事した。

2 相手方

相手方は、各種金網の製造並びに販売を主たる目的とする資本金1600万円の株式会社であり、肩書地に本店を、○○市○○区○○に工場を有し、現在従業員は　名である。

第2 労働契約の内容と本件解雇通告までの経緯

1 労働契約
（1）雇用期間　　昭和63年9月25日より期間の定めなし
（2）仕事の内容　工場にて金網の製造等
（3）賃　金　　　基本給28万円（現在31万円）、交通費
（4）賃金の支払日　毎月25日締め、当月末日払い

2 解雇に至る経緯（甲第1号証）
（1）平成19年8月7日、申立人は相手方社長より口頭で、あなたの仕事はないから8月20日で辞めてくれと言われた。申立人は断ったが翌8日、総務課より雇用終了に伴う手続書類3種を渡された。

（2）8月9日、申立人は納得できなかったので、会社に対し8月20日まで年休の申請をして、○○弁護士会の法律相談に行った。

（3）8月11日、申立人は会社に行き、社長に「私は辞めません」と言って、総務から預かった書類を返した。「今後この問題については書面でやって下さい」と述べて退出した。

（4）8月12日、会社から8月11日付の解雇通知が届いた。それには次のように記されていた。

「貴殿は、Y株式会社就業規則の第34条、35条に基づき、8月7日予告通り8月20日付で、解雇と致します。」（甲第2号証）

第3　本件解雇

1　解雇を通知された日

平成19年8月12日、8月11日付書面で「8月7日予告通り8月20日付で解雇」と通知された。

2　解雇の理由

就業規則34条、35条に基づき解雇とある。ちなみに34条3項は「経営の簡素化、事業の縮小、職務の改廃、その他会社の都合により剰員を生じ他に適当な配置箇所が無い場合」（甲第3号証）であり、35条は、解雇の予告である。

なお、口頭による説明では「会社は2期赤字で、このままで行くと会社は成り立たない。だから辞めてくれ」というものであった。

第4　解雇後本件申立に至る経緯

1　8月14日、申立人は○○弁護士会に法律相談に行き、A弁護士から「承服できないから8月21日より出社します」という通知書を会社に出すよう助言を受けた。そして翌日、上記内容の通知書を会社に出した（甲第3号証）。

2　8月21日、申立人は会社に午前8時半に出社したが、タイムカードはなかった。そのため社長に面会を求めたが、社長は応じず、やむなくC製造部長と話をした。同部長は8月31日までに会社から連絡すると言うのみで、やむをえず申立人は10時に退出した。

3 8月31日、会社からは何の連絡もなく、ただその日に給料2ヶ月分が振り込まれていた。8月分の賃金と「解雇予告手当」だと思われる。
4 9月1日、出社したが、社長・C部長に面会できなかった。そこで申立人は給料1ヶ月分を総務課に返した。解雇予告手当をもらう理由がないと判断したからである。
5 9月3日、申立人から会社に電話したところ、C部長より9月7日10時に社長が面会するから来るようにとのことであった。
6 9月7日、申立人は10時より社長、D常務、C部長と面談した。申立人が「解雇理由となっている就業規則34、35条の具体的内容につき説明して下さい」と頼んだところ、D常務が就業規則をもってきてその説明をした。それによると、「会社は2期赤字で、このままで行くと会社は成り立たない。7月にも2名辞めてもらった。だから辞めてくれ」と言うことであった。申立人は納得できなかったが、それ以上聞いても仕方がないと判断して退出した。
7 9月10日、申立人は午前10時25分会社に行き、D常務とC部長に会い、「これ以上話をしても平行線で進まないので法的手続をとります」と述べて退社した。
　その足で申立人は申立人代理人に労働審判の申立を依頼した。

第5　請求の根拠

　本件解雇は就業規則34条3項に該当しないこと。
　また整理解雇の4要件を充たしていないこと。とりわけ解雇回避措置を講じていないことである。
　従って、本件解雇は「客観的に合理的な理由を欠き、社会通念上相当であると認められない場合」に該当し、解雇権の濫用として無効である（労基法18条の2　※現在は労働契約法16条）。

第6　争点とそれに関する重要な事実

1　争点
（1）本件解雇の正当事由の有無。

（2）就業規則３４条３項該当性の有無。
2　争点に関する重要な事実
　　上記第５の事実。
第７　結論
　よって、申立人は相手方に対し、労働契約上の権利を有する地位にあることの確認、並びに申立人に対し平成１９年８月２０日以降毎月の賃金３１万円及びこれに対する各支払期日の翌日から支払済みまで商事法定利率である年６パーセントの遅延損害金の支払いを求める。
第８　証拠方法
　甲１号証　陳述書
　甲２号証　解雇通知書
　甲３号証　通知書
　甲４号証　就業規則（抜粋）
第９　添付書類
　1　甲号証　　　各４通
　2　資格証明　　１通
　3　訴訟委任状　１通

平成○○年（労）第○○号
申　立　人　　X
相　手　方　　Y株式会社

　　　　　　　　　　補　充　書

　　　　　　　　　　　　　　　　　平成○○年　○月　○日

○○地方裁判所第○民事部労働審判委員会　御中

　　　　　　　　　　　　　　　　　　申立人代理人弁護士　　A

　　　　　　　　　答弁書に対する反論
1　「会社が２期赤字でメッシュのほうの仕事が減ってきている」（２頁）との理由で従業員を解雇することはできない。
　何故なら、「赤字」は全く労働者の責任ではないからその責任を労働者にかぶせて解雇することはできないのは当然のことだからである。
　そのため、そのような解雇が無効とならないためには厳しい条件が課され、それが「整理解雇の４要件」として判例上確立されている。すなわち以下の４要件を満たさない整理解雇は労基法１８条の２に違反し無効となるものである。
2　整理解雇の４要件
（１）第１要件＝人員削減の必要性が存在すること
　① 人員削減措置が企業経営上の十分な必要性に基づいていること、ないしはやむを得ない措置と認められることである。
　② 必要性の程度
　　この必要性の程度について、判例は、ａ）人員削減をしなければ企業が倒産必至または近い将来の倒産が予見される状況にあることまで要するとするもの、ｂ）客観的に高度な経営危機から人員削減措置が要請されることを必要とするもの、ｃ）そこまでは要せず、企業の合理的運営上の必要性があれ

ば足りるとするもの、に分かれている。
　③　必要性の判断のための基礎事実
　　　人員削減の必要性の判断には、収支や借入金の状態、資産状況のほか、人件費や役員報酬の動向、新規採用・臨時工などの人員動向、業務量、株式配当などが基礎事実になると指摘されている。
　④　本件の場合、収支や借入金の状態、資産状況、人件費とりわけ役員報酬の動向など一切主張・立証されていない。
　　　少なくとも相手方は5期分の損益計算書と貸借対照表を乙号証として提出の上、申立人の上記解雇の必要性を主張すべきである。
（2）第2要件＝解雇を回避するための努力が尽くされていること
　①　使用者は、経費削減（役員報酬を含む）、新規採用の停止、労働時間短縮や賃金カット、配転、出向、一時帰休、希望退職募集など他の雇用調整手段によって解雇回避の努力をする信義則上の義務を負う。
　　　特に、希望退職募集をせずにいきなり指名解雇した場合には、解雇回避努力義務を尽くしていないと判断されることが多い。
　②　本件では全く希望退職の募集は行われず、事前の説明は何もなく、いきなり8月7日に辞めてくれと通告されたものである。
　　　また、配転・出向の話もなかった。
（3）第3要件＝解雇される者の選定基準及び選定が合理的であること
　①　被解雇者の選定は、客観的に合理的な選定基準を事前に設定し、公正に適用しなければならない。
　②　具体的な人選基準
　　　選定基準には、勤務成績や能力等の労働力評価を基準とするもの、勤続年数などの企業貢献度を基準とするもの、年齢を基準とするもの、労働者の再就職可能性や家計への打撃など労働者の生活評価を基準とするもの、労働者の雇用形態を基準とするものなど各種あるが、それが合理的な基準か否かは、事案の具体的事情に応じて、個別に判断することになる。
　③　本件では、選定基準は事前に設定されておらず、申立人は自分が選定され

た理由不明のまま解雇されたものである。
　　　また、具体的な人選基準として、申立人は本件答弁書で初めて勤務態度や能力に問題があると主張されたが（１１頁）、後述するようにほとんど虚偽主張である。
（４）第４要件＝事前に、説明・協議義務を尽くしたこと
　①　使用者は、労働組合や労働者に対して、整理解雇の必要性とその内容（時期・規模・方法）について納得を得るために説明を行い、誠意をもって協議すべき信義則上の義務を負う。
　②　本件では事前になんの説明もなく、いきなり解雇を言い渡されたものであり、８月７日１０時の休憩（１０分間）に社長室に呼ばれて行ったところ、社長より「あなたの仕事はないから８月２０日で辞めてくれ」と言われたものであり、協議などしていない。その後は８月１１日に申立人は辞めないと社長に言いに行っただけであり、協議は全くしていない。そして解雇後の９月７日になって「会社は２期赤字で、このままで行くと会社は成り立たない」と説明されたに過ぎない。
　　　この時も「２期赤字」なるものの内容も一切説明もなく、それを裏付ける資料も一切示されていない。この時示され渡されたのは就業規則の一部（甲４号）だけである（甲１号）。
　　　従って、事前に説明・協議義務は全く尽くされていない。
（５）以上のとおり、本件解雇は４要件を１つとして満たしておらず、当然、解雇権の濫用として無効である。
３　答弁書第３、４項「人選の合理性」（１０頁以下）について
（１）(1)項について
　　　メッシュ部門にある１人で操作する半自動機械には、聴覚に障害のあるＢが担当しており、同人は長年やっており熟練していたので申立人より技術力では高い。
　　　２名で操作する自動機械は申立人とＣの２名で稼働させていたが、ここでのセッティングを申立人も行っており、当然微調整もしていた。

従って、「セッティングの技能を有しないのは、申立人だけであった」との主張は虚偽主張である。なお、申立人は入社から約９年間はひし型金網部門で仕事をし、その後メッシュ部門に移り約１０年間ここで仕事をしている。
(2) 2項について
① イ項のうち（イ）（ウ）項は否認する。
　　　申立人が「勤務に熱意を見せず」ということはない。指示された仕事はきちんとやっていた。但し、カゴマット部門の仕事は応援で行った慣れない仕事であるため、同僚の評価について本人にはわからず、今回初めてこのようなことを言われたものである。
　　　１人作業で「勝手に製造機械の回転率を下げてしまい、職長が何度も注意してもこれを繰り返した」との主張は全くの虚偽主張である。
　　　機械の回転率は前の工程がつまってくれば下げざるを得ないものであり、そのことでＤ職長から注意を受けたことは一度もない。むしろ早く仕事をやりすぎて製品を置く場所がないと言われたことがあるくらいである。なお、同職長から自分がそばに着いていなくても１人でやってくれるので助かると言われたことがあるほどである。
② ウ項については不知ないし否認。このような主張は今回初めて聞くことである。
(3) 申立人が本当に今回主張されているような人物であるならば、相手方は約１９年間もどうして働かせていたか。申立人を厳重に注意すべきではなかったのか。
　　　しかし申立人はこれまで相手方から注意を受けたことがないことは前述のとおりである。もし注意したことがあるというなら、誰がいつ頃、どこでどのような注意をし、それに対し申立人の対応はどのようなものであったかを具体的に主張すべきである。
4　整理解雇の第一要件に関して
　　　相手方は業界でも優良企業と評価され、不動産等の資産もあり、借金もないと申立人は聞かされている。

仮に相手方主張どおり２期赤字が続いたとしても、申立人１人を雇用し続けたからといって、高度な経営危機に陥ることはなく、況や「会社が成り立たない」ということはありえない。この点は直近５期分の決算報告書等を提出すれば明らかになることである。

　ちなみに、相手方は申立人ら従業員が会長と呼ぶＥが創業した会社であり、同人は地元○○では大資産家として著名な人物である。そのようなオーナーのもとで、たかが１人の従業員を首切らねば会社が「成り立たない」などということは１００パーセントない。

　よって、本件解雇は解雇権の濫用として違法無効である。

労働審判申立書

平成○○年　○月　○日

○○地方裁判所○○支部民事第○部　御中

〒
　　　　　申　立　人　　X
〒○○○-○○○○　○○市○○区○○

　　　　　○○法律事務所（送達場所）
　　　　　ＴＥＬ　○○○-○○○-○○○○
　　　　　ＦＡＸ　○○○-○○○-○○○○
　　　　　申立人代理人　弁護士　　A
　　　　　同　　　　　　弁護士　　B

〒
　　　　　相　手　方　　Y株式会社
　　　　　上記代表者代表取締役　　C

地位確認等請求労働審判事件
申立の価額　　金1,600,000円
貼用印紙額　　金　　6,500円

申立の趣旨

1 申立人が相手方に対し、労働契約上の権利を有する地位にあることを確認する。
2 相手方は、申立人に対し、平成２４年４月１５日以降毎月２５日限り金３４万１７６０円及び各支払期日の翌日から支払済みまで年６パーセントの割合による金員を支払え。
3 申立費用は相手方の負担とする。
との労働審判を求める。

申立の理由

第１　当事者

1　申立人
　申立人は平成２２年１月、相手方Ｙ株式会社（以下、相手方ないし会社）に採用され、海外事業部に配属された。
2　相手方
　相手方会社は肩書地に本店を置き、自動車電装品製造販売等を主たる目的とする資本金１０００万円の株式会社である。

第２　本件解雇

1　相手方は平成２４年３月１５日、申立人に対し４月１５日付をもって解雇するとの通知をした。
2　解雇理由は「海外事業部廃部に伴い、配置転換を考慮しましたが、就業規則第３２条４項の規定に基づき」というものである（甲３号証）。
3　上記規定は「技量、能率不良で配置転換しても見込みがないとき」とある。

第３　入社の経緯と仕事内容

1　労働条件
　　正　社　員
　　仕事の内容　中国における製品開発及び製品企画など
　　賃　　　金　２５万円　毎月１５日締めの２５日払い

労 働 時 間　9時から18時　休憩60分
　　休　　　日　週休2日
2　入社の経緯と仕事の内容
（1）入社の経緯
　　平成21年末、申立人はハローワークにて会社の「海外営業（開発技術者）」募集を知る（甲2号証）。得意の中国語を生かせる事、また同社が生産拠点としているS省に土地勘がある事もあり応募した。

　　面接の結果、平成22年1月、会社に入社した。2ヶ月の試用期間を経て正式に採用された。

　　海外事業部員として主に海外の商材を探し商品化する業務に携わった。

　　海外事業部は、課長D（以下、D課長）と大阪1名、本社2名の社員構成であった。

（2）会社の状況
　　従業員は、本社に約50名、大阪事業所に15名、T工場に340名、U工場に180名程度であった。

　　業務内容は、携帯電話周辺機器、カー用品、イヤホン等音響機器を製造・販売。中国にある「自社工場での生産」と現地に「生産委託工場」を持つ。主力商品は携帯電話用充電器、バッテリーチャージャー、コンビニエンスストア等で販売している緊急用携帯充電機、イヤホン、ステレオハンズフリー、ブルートゥースヘッドセットで売上げの大半を占める。

　　昨年は震災による特需で売り上げ規模は40億円程度を超える。ただし昨今の競合他社の進出、スマートフォンの電池大容量化に伴う乾電池からリチウム充電器化への開発に遅れ、販売不振の在庫が目立つ。特にイヤホン、USB扇風機の在庫が大きく目立つ。

（3）申立人の業務
　　海外事業部における申立人の仕事は、海外（主に中国、台湾、香港）にて日本で売れる商材を探す事であった。

　　サンプルを持ち帰り、社内の「技術部門」で解析を行い、「営業部門」に

販売可能かについてプレゼンをする一方、仕入委託会社に価格を含めた交渉を行う。そして「開発進行」が決定したら、その会社と契約を交わし、生産に伴う様々な業務を遂行し、初回の日本向け出荷までをするのが申立人の仕事であった。

およそ月に１度の中国訪問、また香港や中国の展示会にも年２回ほど訪問し、数多くの商材を持ち帰った（平成２２年８０件、同２３年１００件程度）。

第４　解雇に至る経緯

1　平成２３年１２月１５日

　社長から海外事業部員（申立人ともう一人の海外事業部員）が呼び出され、「業績不振でこのままだと海外事業部を取り潰し、君たちの居場所も無くなる」との話をされ、後３ヶ月様子を見ると言われた。

　しかし申立人はこの話のあった「１２月以降の業績」として、ケース付スピーカー、FMトランスミッター、ブルートゥースヘッドセット（途中）の三件を担当し、商品化して実績を挙げた。

2　平成２４年３月１日

　直属上司のD課長より在庫の累積による新商品開発継続不可、所属の海外事業部解散と言われた。そして申立人を含む海外事業部員２名の退職を仄めかされた。

3　３月８日

　申立人ともう一人の海外事業部員が別室に呼ばれ、E常務、D課長から退職を勧奨され、「３月１２日に回答するよう」にと告げられた。

4　３月１２日

　D課長より別室に呼ばれ、上記回答を求められる。「退職には応じない」旨述べ、「勧奨退職なら条件を提示して下さい」と依頼して退室した。

5　３月１５日

　D課長より解雇通知書を渡される（甲３号証）。解雇理由書を求めるが、「Yはいつもこれ一枚」との回答。解雇理由は就業規則第３２条４項の規定によるとの事であった。

就業規則第32条4項は以下の通りである。

「社員が下記の各号の一に該当するときは30日前に予告するかまたは30日分の平均賃金を支給して解雇する。予告日数は平均賃金を支払った場合においてはその日数を短縮する」。

その第4項は「技量、能率不良で配置転換しても見込みがないとき」とある。

なお、大阪にて予告を受けた一名が自主退職の意思を固める一方、申立人と一緒に退職を勧奨された本社社員一名はD課長による残留の意思確認を受け、これを受諾して会社に残る事になった。したがって、解雇通知を受けたのは申立人1名のみであった。

第5　申立までの経過

1　申立人は平成24年3月22日、弁護士Aに本件解決を依頼した。
2　申立人代理人は3月27日下記通知書を相手方に発し（甲4号証の1）、翌28日到達した。

「通知人は本年3月15日、貴社より解雇予告通知書を渡されました。

それによると、『海外事業部廃部に伴い、配置転換を考慮しましたが就業規則第32条4項の規定に基づき』、『平成24年4月15日付けをもって解雇致します』とあります。

また上記規定は『技量、能率不良で配置転換しても見込みがないとき』とあります。

しかし、これでは解雇の正当理由となりませんので（労働契約法16条違反）、解雇は撤回して下さい。

撤回しないと言うのであれば、貴社において、通知人にどのような技量不足と能率不足があったのかを具体的に明らかにして、それによりどのような部署への配置転換がいかなる見込みがないかを具体的に明らかにして下さい」。

3　3月27日、申立人はE常務より呼び出しを受け、営業部と業務課が話し合って、申立人を業務課にて引き取っても良いとの打診があった。ただこの時点では決定ではなかった。そのため申立人は29日に「残りたい」旨申し

出たが、28日に上記解雇撤回するようにとの通知書が会社に届いていた（甲4号証の1、2）ことがあって、相手方から復帰は困難と言われた。そのため上記通知書は撤回すると申入れたが（甲5号証の1、2）、やはり復帰は駄目と拒わられた。
4 そのためあらためて4月4日、解雇撤回しないのであれば、解雇理由となっている申立人の「技量不良と能率不良」を具体的に明らかにし、それによりどのような部署への配置転換がいかなる見込みがないかを具体的に明らかにするよう通知した（甲6号証の1、2）。
5 回答は期限が過ぎてもなかったが、ようやく4月24日になって相手方よりD課長の名前で「技量・能率不良についての回答」が代理人事務所に届いた（甲7号証）。
　それに対する簡単な反論は申立人の陳述書で述べた通りである（甲1号証3頁）。

第6 本申立の根拠
1 解雇権の濫用
　申立人には業績不振、新商品開発継続不可に伴う海外事業部廃部の責任はない。そもそも相手方は業績不振ではない。
　また申立人には解雇が正当化されるような技量・能率不良はない（甲1号証3頁）。
　さらに配置転換について会社には真剣に考慮した気配がない。
　すなわち解雇通告されるまで、一度も配転についての打診はなく、平成24年3月12日D課長より退職の勧奨があり、それに対し勧奨退職であれば条件を出して下さいと申入れたところ、その3日後の3月15日いきなり解雇通知書を渡されたものである（同2頁）。
　他方で解雇通告後の3月27日、上述したようにE常務より業務課で引き取っても良いとの打診を受けている。ただそれは解雇撤回の申入れ通知書を代理人に出してもらったことを理由に配転拒否された。
　従って、これらの事情から相手方において申立人1人の配転は可能であっ

たということである。

　以上の理由により、本件解雇は「客観的に合理的な理由を欠き、社会通念上相当であると認められない場合」に該当し、権利の濫用として無効である（労働契約法１６条）ことは明らかである。

２　賃金について

　本件解雇が無効であれば、相手方は４月１５日以降も賃金３４１，８６０円を申立人に支払う義務がある（甲８号証）。なお、支払いは毎月１５日締めの２５日払いである。

第７　争点とそれに関する重要な事実

１　争点

本件解雇の正当性の有無。

２　争点に関する重要な事実

　上記第６．１項主張の事実。

第８　結論

　よって、申立人が相手方に対し、労働契約上の権利を有する地位にあることの確認、並びに相手方は申立人に対し平成２４年４月１５日以降毎月２５日限り賃金３４万１８６０円及びこれに対する各支払日の翌日から支払済まで商事法定利率である年６パーセントの遅延損害金の支払いを求める。

第９　証拠方法

１	甲１号証	陳述書
２	甲２号証	求人票
３	甲３号証	解雇通知書
４	甲４号証の１	通知書
５	甲４号証の２	郵便物配達証明書
６	甲５号証の１	再通知書
７	甲５号証の２	郵便物配達証明書
８	甲６号証の１	再々通知書
９	甲６号証の２	郵便物配達証明書

10 甲7号証　　　技量・能率不良についての回答
11 甲8号証　　　給与支給明細書

第10　添付書類

1　申立書　副本　　　　　4通
2　陳述書（甲1号証）　　4通
3　甲2号証から8号証　各2通
3　資格証明書　　　　　　1通
4　訴訟委任状　　　　　　1通

VI. 金銭請求について

1．賃金請求（単なる不払い）

（1）申立の際の注意

　会社が決められた賃金を労働者に支払わずトラブルとなるケースは類型的な紛争である。

　基本的な立証資料が必要であることは、他の手続と差はないが、賃金台帳など、資料が労働者の手元にないが会社には確実に資料があるような場合、労働審判手続内で会社の手持ちの資料の提出を促すことが考えられる。たとえば、申立書などにその旨を記載し、会社が答弁書を提出する際に一緒に証拠として出させるような工夫が必要である。ただし、これはあくまでも会社の任意の提出に頼るものである。

　しかしながら、会社が持っているはずの資料を敢えて出さないことが、審判官はもとより、民間から来ている審判員の目にどう映るかという点もあるので、かかる指摘は無駄になることはない。これも労働審判手続の一つの面白味である。

　なお、第三者への文書送付嘱託は可能であるが、労働審判手続は原則3回で終わるため、時間的制約もあり、事実上困難な場合がある。また、文書提出命令は、申立自体は可能であるが、過料の制裁や命令に従わない場合の真実性の擬制等の適用はないとされているため（『労働審判手続に関する執務資料（改訂版）』52頁）、実益に乏しい。

（2）解決の際の注意

　調停で終結する場合、会社の資力などにより譲歩を求められることがある。しかし、基本賃金の減額の場合、譲歩する理由は本来ない。ただし、強制執行におけるリスクや倒産リスクを勘案する必要がある。なお、期日に現金を持参させ、これを受領するやり方であれば執行リスクは確実に回避できる。

　また、調停で終了する場合に、名目を「賃金」とするか、「解決金」とするかで、源泉徴収税などの処理が異なる場合もある。また「解決金」とした場合は、会社が倒産したような場合は、当該債権が労働債権と看做されないリスクもあるので、

注意が必要である。

これらについては、以下の金銭請求事件においても妥当する。

2．割増賃金請求（残業代）

（1）申立の際の注意

　（イ）労働審判手続にふさわしくない？

　残業代請求事件は、労働審判手続が発足する前は、この手続にふさわしくない類型とされていた。これは、会社が労働者の主張する労働時間を否認した場合、労働者は日々の労働時間を一つ一つ立証しなければならないため、膨大な立証資料が必要となり、かつ、それが労働者の労働時間主張と整合しているか、1分単位で精査を求められることから、3回の期日内で終わらせるという労働審判手続では、ふさわしくないと考えられていたようである。

　しかしながら、労働審判制度がスタートしてみると、残業代の支払を求める労働審判の申立は多く、しかも、解決を見る例がほとんどということもあり、今では残業代請求事件であるから労働審判に適さないとすることは不適当である。

　（ロ）手続選択

　残業代請求といっても、労働時間数そのものが争点となる事件、会社の抗弁（管理監督者など）の成否が争点となる事件、残業代の発生は認めるものの会社に資力がなく払えないという事件など、様々である。また、労働時間数が争点となっている事件でも、労働者に客観的な立証資料があるか否かでも、事件の進行速度や困難度は大きく異なる。

　このうち、労働時間数が争点で、かつ、確実に客観的な資料がそろっている事案の場合は、労働審判手続を利用するか否かから検討が必要である。後述の通り、労働審判では、調停の際に譲歩を求められるので、それを嫌うのであれば、当初から民事訴訟を選択する方が、結果として早期解決となる場合もある。他方、譲歩は厭わず、早い解決や執行リスクの回避を目的とするのであれば、労働審判手続の利用も十分に考え得るところであろう。

次に、労働時間数が争点で、かつ、客観的資料に乏しい場合は、元々ある程度の譲歩をやむを得ないと考えるのであれば、労働審判手続は有用である。特に、「ざっくり」と解決できるところは、労働審判の一つの特長でもあるので、訴訟で時間をかけるより、高い満足度を得られる可能性はある。

労働時間数に争いはないが、管理監督者性など、会社側の抗弁が争点となる事案については、労働審判か訴訟かの選択はケースバイケースと言えるが、管理監督者の抗弁が成功することはかなりレアケースであることを考えると、あとは客観的資料が手元にある事案と同様である。

会社に資力がない場合は、リスク回避のために早期に結論を得られる手続として、労働審判は有用である。

(ハ) 証拠資料

証拠資料が手元にない場合、手続内で会社に資料を出させるというのは、任意に出してくるのであれば問題ないが、そうでない場合は困難である。

また、残業代計算には一定の時間を要するので、とりあえず申立ててから会社に出させるというやり方は好ましくない。そうであれば、事前に証拠保全を行うことも検討すべきである。

証拠資料については、できるだけ客観的なもの（タイムカード等）が好ましいが、それがない場合でも、メモや日記等、審判員に訴えかけられるものがあれば資料とすべきである。以下、タイムカード以外で、実際に時間の認定に用いられたことのある資料を列記する。

①入退館記録（警備会社の記録など）
②パソコンのログイン・ログアウト時間
③電子メールの送受信時刻
④開店・閉店時刻
⑤駐車場の入出庫記録
⑥シフト表
⑦日報（自己申告制）
⑧労働者の日記、メモ

これらいずれの資料においても、単にその資料があれば機械的に時間が認定されるというものではない。たとえば、①については、誰の入退館か特定しなければ意味がない。②についても、会社内でしか使用できないパソコンであることが必要である。③も、社外から送信できるようであれば意味がないし、送信したメールの内容が業務に関連しているかも重要な点である。④については、当該労働者が開店から閉店まで店舗にいなければならない立場であり、かつ、いたことを立証する必要がある。⑤については、駐車中、会社内で仕事をしていたことを立証する必要がある。⑥についても、シフトどおりの勤務が行われていることが明らかとなって初めて意味がある。⑦については、その日報に対し上司が決裁していれば信用性は高まる。⑧については、一番客観性が乏しいため、なぜメモを残したのか、日記を残すようになったのか、という背景事情、日記やメモに合致する客観的証拠などで補強する必要があろう。

　(ニ)　消滅時効

　賃金の消滅時効は2年とされているため、それ以上の期間の残業代を請求するか、申立時点で判断が必要である。

　この点、労働審判手続は、印紙代が通常訴訟より安いので、相手方が消滅時効を援用しない可能性も考慮して、長い期間を請求することも一つの考えである。

　他方、裁判例では、杉本商事事件（広島高判平成19年9月4日・労判952号33頁）のように、残業代の不払を不法行為と構成して3年分の支払を命じた事案もある。この場合は、2年分は割増賃金請求、1年分は損害賠償請求となる。

　(ホ)　付加金

　付加金は、労働審判委員会が支払を命じることはできないとされているが、除斥期間の関係もあるので、申立時に請求すべきである。仮に、手続が審判に移行した場合、拡張したとしても、その時点から遡って2年となってしまうからである。また、調停に向けた話し合いが行われるにあたっても、訴訟になれば付加金請求もすることを示すことに意義は存する。ただし、裁判所によって、

付加金請求に独自の印紙代を徴するところもあるので、印紙代が大幅に増加することもあるので注意を要する。

(2) 解決の際の注意点

調停の場合、譲歩を迫られることがある。早期解決のメリットや執行リスクを勘案して決断することになる。

3. 賃金減額（不利益変更）

賃金を減額された場合、その減額に法的根拠がなければ差額を請求し得る。

(1) 同意を得ない不利益変更

労働者の同意を得ないで賃金を減額することは、原則として許されない（労働契約法3条1項、8条）。しかし、実際には会社がこれを強行する場合がある。その場合、通常訴訟では時間を要するが、労働審判手続であれば早期に解決することも可能である。

この事案では、同意の有無が争点となることが多いが、関係者から直接話を聴ける労働審判手続は、有用である。

(2) 就業規則変更による不利益変更

労働者が同意をしなくとも、就業規則の変更により、賃金減額等の不利益変更がなされる場合がある（労働契約法9条、10条）。

この場合、合理性の判断につき様々な要素を考慮する必要があるため、労働審判手続内で終結しない可能性もある。また、就業規則は個別の労働者だけの問題に留まらないため、会社の抵抗も強く、会社から24条終了を主張してくる場合もある。

ただし、変更された就業規則が周知されていないような場合は、これだけで要件を充たさないので、審査の対象となる場合があるが、周知が認められると合理性が問題となるので、上記と同様の問題は残る。

なお、明らかに合理性を欠くような場合や、あまりに不利益幅が大きく是正が必要と思われる事案などでは、精密な審査はしないことを前提に調停が試みられる場合もある。

（3）降格・配転による不利益変更

　降格や配転を機に賃金を減額する例も多いが、本来、人事権の行使における職位の引き下げや配置の変更は、賃金額の変更と別問題である。

　したがって、職位と賃金が連動していないにも関わらず、これを口実に賃金減額を強行したような場合は、労働審判手続内でも解決は十分に可能である。また、単なる配置転換の場合は、原則として賃金引き下げの根拠とはならないので、労働審判手続での解決も十分に可能である。

　もっとも、職位と賃金が連動している制度が採用されていたり、課長手当や役職手当などのような職位に応じた「手当」があるような場合は、降格自体を争うことになる。降格を争う場合、人事権の濫用になるかが問われることになり、労働審判手続内で終結しない可能性もある。

　ただし、このような場合も、中間的な結論を見出されれば調停が成立する余地はある。

（4）査定による不利益変更

　近年、給与体系に能力主義を導入する企業が増えており、かかる場合、査定に基づいて賃金額が決定することがあり、減額となることもある。

　査定による賃金減額は、かかる制度が存することが労働者との間の合意事項として存在するか、もしくは、就業規則上でかかる制度が定められていることが必要である。その上で、当該制度が合理的なもので、かつ、行われた査定も合理的である必要がある。

　このように、査定による賃金減額を争う事案においては、制度が全くない場合は、そもそも同意のない賃金減額と同じであるので、労働審判手続により解決することは十分に可能である。

　他方、制度の合理性や査定内容の合理性が争点となる場合は、労働審判手続内で終結できない可能性がある。

　ただし、他の場合と同様に、かかる場合でも、中間的な結論によって調停が成立する余地はある。

（5）懲戒による減給

就業規則等に、懲戒処分として減給を設けている場合、懲戒権の発動によって減給がなされる場合がある。

この場合、この減給を争うことは、すなわち懲戒の有効性を争うことになる。懲戒については、労働契約法15条に規定がある。

まず、「使用者が労働者を懲戒することができる場合」とは、懲戒について就業規則等で規定している場合を言う。これがないのに懲戒が強行されたような場合は、当該懲戒は無効であるので、労働審判手続で解決できる。

次に、懲戒に関する規定があるとして、当該懲戒に客観的で合理的な理由がないと無効である。この理由の存否は、解雇事件の解雇理由の存否の争いと似た構造であるので、労働審判手続は十分に適している。さらに、社会通念上の相当性の有無も争点となるが、この要件も、合理的な理由の存否と同様に、労働審判手続に適している。

懲戒に基づく減給がされた場合は、その減額幅には限界があるので、その点も注意を要する（労基法91条）。

4．退職金請求

退職金が問題となる場合は、賃金と同様に、単なる不払いの場合や、不利益変更の場合が考えられる。これらの留意点は上記の通りである。

他方、退職金特有の問題としては、そもそも退職金請求権が認められるか、という事案が考えられる。

退職金請求権の存否は、退職金規程などがあればその存在は明らかであるが、これがない場合、労使慣行に基づいているのか、あるいは使用者が恩恵的に支払っているに過ぎないのかが問題となるが、この類型は労働審判手続で解決可能である。

また、退職金特有の問題として、懲戒解雇などをした場合の不支給、一部支給の問題もある。退職金には賃金の後払い的性格もあるとされており、懲戒事実の具体的内容に対する評価は、労働審判手続でも十分に可能である。

5．損害賠償請求

（1）ハラスメント

いわゆるセクハラやパワハラなど、ハラスメント行為による損害賠償請求事案も労働審判手続で審理され得る。ただし、相手方にできるのはあくまで使用者なので、ハラスメントを行った個人を相手方とすることはできないとされている。

この類型は、ハラスメント行為自体があったことを前提とすれば、あとは被害額をいくらと評価するのみであるので、十分に労働審判で解決し得る。しかし、行為の存否自体が争いになると、それを証する客観的な資料がないと、人証によることになり、関係者が手続に参加していない場合などは、24条終了となることもある。

また、ハラスメント被害者となった労働者は、ハラスメント加害者と労働審判手続の場において、精神的な理由から同席することができない場合もある。その場合、詳しい陳述書を出すなど、同席しないで済む方法を追求すべきではあるが、その場合の不利益は、想定しておく必要がある。

（2）労災・安全配慮義務違反

労働災害がテーマとなる場合、業務起因性を労働審判手続内で決着を付けることは難しい場合があり、特に医学的な争点がある場合は困難である。業務遂行性については、一定程度判断ができる場合もある。

労災認定がなされている場合は、その他の損害額を定めるために労働審判を利用することも考え得る。もっとも、会社が民事上の責任について争う場合は、事案によっては、労働審判手続が適さない場合もある。

労働審判手続申立書

平成○○年　○月　○日

○○地方裁判所民事部　御中

　　　　　　　　　　　　　　　　申立人ら代理人弁護士　　A

〒
　　　　　　　　　　　　　　　　申立人　　X₁
〒
　　　　　　　　　　　　　　　　申立人　　X₂
〒○○○-○○○○　東京都○○区○○
　　　　　　○○法律事務所（送達場所）
　　　　　　　　　申立人ら代理人弁護士　　A
　　　　電　話　○○-○○○○-○○○○
　　　　ＦＡＸ　○○-○○○○-○○○○

〒
　　　　　　　　　　　　　相手方　　株式会社Y
　　　　　　　　　上記代表者代表取締役　　B

　残業代請求　　労働審判事件
　　　申立の価額　　１２９７万８０８６円
　　　貼用印紙額　　２万８６００円

第1　申立の趣旨

1　相手方は、申立人甲X₁に対し、金３５５万５７６７円及び別紙申立人X₁の未払残業代請求目録の各月の「月間時間外賃金合計」欄記載の各金額に対する各月の支給日の翌日から平成１８年２月２０日まで年６％の割合による金員、同各金額に対する同月２１日（但し、平成１８年２月分にあっては同年３月１６日）から支払い済みまで年１４．６％の割合による金員を支払え

2　相手方は、申立人X₂に対し、金９４２万２３１９円及び別紙申立人X₂の未払残業代請求目録の各月の「月間時間外賃金合計」欄記載の各金額に対する各月の支給日の翌日から平成１８年８月末日まで年６％の割合による金員、同各金額に対する同年９月１日（但し、平成１８年８月分にあっては同年９月１６日）から支払い済みまで年１４．６％の割合による金員を支払え

3　申立費用は相手方の負担とする

との労働審判を求める。

第2　申立の理由

1　当事者

（1）相手方は、飲食店業、加工調理食品の販売等を目的とする株式会社であり（甲１）、飲食店「Ｚ」を東京都内に約１０店舗展開している。飲食店「Ｚ」には、ランチがある店舗とない店舗とがあり、ランチがある店舗の営業時間は午前１１時３０分から午後４時３０分及び午後５時から翌日午前４時まで、ランチがない店舗の営業時間は午後５時から翌日午前４時までである。

（2）申立人X₁は、平成２４年２月３日ころ、期間の定めなく正社員として相手方に入社し、平成２５年２月２０日に相手方を退職した者である。

（3）申立人X₂は、平成２３年１２月ころ、期間の定めなくアルバイトとして相手方に入社し、平成２３年４月ころ、正社員となり勤務していたが、平成２５年８月末日に相手方を退職した者である。

（4）なお、両申立人ともに入社の際などに労働契約書を作成したりしたこ

とはない。
2 申立人らの入社、業務内容
(1) 申立人X₁
ア 申立人X₁は、上記のとおり、平成24年2月3日ころ、期間の定めなく正社員として相手方に入社した。入社当時申立人X₁は、「Z」のE店に配属された。そして、午後5時ころから翌日午前5時ころまでホールでの接客業務を中心として行った。

イ その後、平成24年6月ころからは、申立人X₁は、ホールでの接客業務以外にも、調理や食材の発注等の業務も行った。

ウ 平成24年9月下旬ころ、申立人X₁は、「Z」のD店に店長として配属され、以後退職するまでの間、ホールでの接客業務、調理、食材の発注等の業務を午後5時ころから翌日午前5時ころまで行った。

(2) 申立人X₂
ア 申立人X₂は、平成22年12月ころ、アルバイトとして相手方に入社し、翌平成23年4月ころ、相手方のC会長の採用面接を経て正社員となった。申立人X₂は、正社員となった後、「Z」のW店に配属され、午後5時ころから翌日午前4時ころまで調理の業務を行った。

イ 申立人X₂は、相手方におけるあまりに過酷な労働環境に耐えきれず、平成23年7月下旬ころ、一旦は退職することを相手方に伝えた。しかしながら、C会長から辞めないで欲しいと言われ、申立人X₂は、翌月8月から復帰して「Z」のW店で勤務した。

ウ 申立人X₂は、その後、「Z」のD店、E店、F店に勤務し、調理を主とした業務を行った。申立人X₂は、E店に配属中の平成24年8月ころからは店長となり、それ以後退職するまでの間、調理以外にもホールでの接客業務や食材の発注等の業務も行った。

3 申立人らの労働条件
（1）入社時の説明
　　ア　申立人X₁は入社の際に、C会長から店舗の始・終業時刻や休憩時間は３０分との説明を受けたほか、賃金と労働時間に関して「月に２６０時間働いたら固定給（２８万円）をやる。」との説明を受けた。この時に、残業代の支払いについての説明は全くなかった。
　　イ　申立人X₂は、正社員として採用される際に、C会長から「交通費込みで２５万円をやる。勤務時間は午後５時から午前４時までで、一月に２６０時間働いたら給料をやる。休みは月４回だ。」などと説明を受けた。申立人X₂に対しても、この時に残業代の支払いについての説明などは全くなかった。
（2）申立人らの賃金
　　ア　申立人X₁の雇用期間中の賃金は以下のとおりである。
　　　　平成２４年２月～同年４月　　　　基本給２８万円
　　　　平成２４年５月～同年９月　　　　基本給３０万円（甲２の１）
　　　　平成２４年１０月～平成２５年２月　基本給３５万円（甲２の２～５）
　　イ　申立人X₂の雇用期間中の賃金は以下のとおりである。
　　　　平成２３年４月　　　　　　　　　基本給２５万円
　　　　平成２３年５月～同年６月　　　　基本給２８万円（甲３の１）
　　　　平成２３年７月～平成２４年４月　基本給３０万円（甲３の２，３）
　　　　平成２４年５月～同年７月　　　　基本給３２万５０００円
　　　　平成２４年８月～平成２５年８月　基本給３５万円（甲３の４～15）
　　ウ　申立人らの給与明細書のとおり、申立人らの時間外労働や深夜労働に対して割増賃金が支払われたことは一度もない。
（3）なお、相手方における賃金は月末締めの翌月１５日払いである。

また相手方は、平成24年12月に至るまで種々の社会保険に加入せず、平成25年1月にようやく加入するに至った。

　　更に、平成24年11月及び12月分の給与明細書を見ると、相手方の会社名が「有限会社Ｎ」となっているが、これについて相手方は申立人らに対して、相手方の社員を有限会社Ｎから株式会社Ｙに派遣する形をとって、有限会社Ｎの社員には社会保険をかけない、株式会社Ｙの社員だけ社会保険をかけるようにすると説明した。結局平成25年1月からは申立人らは株式会社Ｙの社員として扱われ社会保険にも加入したが、これらは相手方が社会保険の負担を免れようとする悪質な行為である。

4　申立人らの労働時間及び残業代の計算

（1）申立人らの所定労働時間

　　　申立人らは相手方から、上記のとおり、「月に260時間働いたら固定給をやる」との説明を受けた。これは平均すると、1週間に1日の休みで、1日10時間程度労働する計算となり、かかる所定労働時間等を定めた労働契約が労働基準法32条に違反することは明らかである。

　　　よって、申立人らの所定労働時間は、労働基準法13条、32条により、1日8時間、1週40時間となり、それを超過した労働について時間外割増賃金を請求できる（労基法37条1項）。

　　　また、申立人らの勤務は午後10時から午前5時の時間帯にかかるものであるから、これらの時間に労働した分については深夜割増賃金も請求できる（労基法37条3項）。

（2）申立人らの実労働時間

　　　申立人らの実労働時間はタイムカードにて管理され、申立人らは、別紙未払残業代請求目録（月別）の始業時刻欄から終業時刻欄の時間だけ働き（休憩を除く）、同目録（月別）の「法外残業時間数」、「深夜労働時間数」、「休日労働時間数」の各欄記載のとおり、時間外労働を行った（甲4、5）。

※法外残業時間数＝1日8時間又は1週40時間の法定労働時間を超えて労働した時間数
深夜労働時間数＝午後10時から午前5時までの間に労働した時間数
休日労働時間数＝週1日の法定休日に労働した時間数

(3) 相手方の割増賃金支払義務

　相手方には、申立人らの時間外労働に対して、割増賃金支払義務があるが（労基法37条）、その割増率は以下のとおりである。
　　法外残業　25％　　深夜労働　25％　　休日労働　35％

(4) 時間賃金の計算式

・時間賃金＝所定賃金÷月間法定労働時間（173.8時間）
・所定賃金＝総支給額－労基法37条4項及び同法施行規則21条が
　　　　　　除外を認める各種手当等
・月間法定労働時間
　　　　　＝年間法定労働時間（365日÷7日×40時間）÷12

(5) 申立人らの時間賃金

期　　間	申立人X_1の基本給	申立人X_1の時間賃金
平成24年2月～ 同年4月	基本給28万円	28万円÷173.8時間 ＝1610円
平成24年5月～ 同年9月	基本給30万円	30万円÷173.8時間 ＝1726円
平成24年10月～ 平成25年2月	基本給35万円	35万円÷173.8時間 ＝2013円

期　　間	申立人X$_2$の基本給	申立人X$_2$の時間賃金
平成23年4月	基本給25万円	25万円÷173.8時間 ＝1438円
平成23年5月〜 　　同年6月	基本給28万円	28万円÷173.8時間 ＝1610円
平成23年7月〜 　　平成24年4月	基本給30万円	30万円÷173.8時間 ＝1726円
平成24年5月〜 　　同年7月	基本給32万5000円	32万5000円÷173.8時間 ＝1869円
平成24年8月〜 　　平成25年8月	基本給35万円	35万円÷173.8時間 ＝2013円

(6) 申立人らの残業代

　　よって、平成23年4月から平成25年8月までの申立人らの時間外労働に対する割増賃金は、別紙未払残業代請求目録（月別）の「法外残業割増賃金」、「深夜労働割増賃金」、「休日労働割増賃金」の各欄記載の金額のとおりとなり、その合計額は、別紙未払残業代請求目録の「月間時間外賃金合計」の最下欄記載のとおり、申立人X$_1$については355万5767円、申立人X$_2$については942万2319円となる。しかしながら、相手方は申立人らに対し、上記残業代等を一切支払わない。

(7) よって、申立人X$_1$は相手方に対し、金355万5767円の未払残業代請求権、申立人X$_1$の別紙未払残業代請求目録の各月の「月間時間外賃金合計」欄記載の各金額に対する各月の支給日の翌日から申立人X$_1$が退職する平成25年2月20日まで商事法定利率である年6％の割合による遅延損害金及び同各金額に対する申立人X$_1$が退職した日の翌日である平成25年2月21日（但し、平成18年2月分については支給日の翌日である同年3月16日）から支払い済みまで賃金の支払いの確保等に関する法律6条1項により年14.6％の割合による遅延損害金

の支払請求権を有する。

　同様に、申立人X₂は相手方に対し、金９４２万２３１９円の未払残業代請求権、申立人X₂の別紙未払残業代請求目録の各月の「月間時間外賃金合計」欄記載の各金額に対する各月の支給日の翌日から申立人X₂が退職する平成２５年８月末日まで商事法定利率である年６％の割合による遅延損害金及び同各金額に対する申立人X₂が退職した日の翌日である平成２５年９月１日（但し、平成１８年８月分については支給日の翌日である同年９月１６日）から支払い済みまで賃金の支払いの確保等に関する法律６条１項により年１４．６％の割合による遅延損害金の支払請求権を有する。

第３　申立ての経緯等

1　申立人X₁は、相手方を退職した後である平成２５年３月中旬ころ、Ｓ労働基準監督署のＪ監督官に、相手方におけるあまりの過酷な労働や残業代のことについて相談した。

2　Ｊ監督官は、相手方に対して残業代を支払うように指導したが、相手方は、①申立人X₁は労働基準法４１条２号の「監督若しくは管理の地位にある者」である、②基本給の中に残業代が１２万円含まれている、③入社の際に「月に２６０時間働いたら固定給をやる」という契約内容で労使双方了解して契約していると主張し、残業代の支払いを拒んだ。

3　そのために、申立人X₁は、その後に相手方を退職した申立人X₂とともに本申立てに及んだものである。

第４　予想される争点及びそれに対する申立人らの主張

1　本件残業代請求に関して、申立人らの実労働時間は、タイムカードという客観的証拠によりその証明は十分である。

2　上記のとおり、相手方は、申立人X₁の残業代請求に関して、Ｓ労働基準監督署のＪ監督官に対して、①申立人X₁は労働基準法４１条２号の「監

督若しくは管理の地位にある者」である、②基本給の中に残業代が１２万円含まれている、③入社の際に「月に２６０時間働いたら固定給をやる」という契約内容で労使双方了解して契約していると主張し、残業代の支払いを拒んだ。

　よって、本件において予想される争点は、上記３点の相手方の主張に理由があるかどうかである。

3　まず①についてであるが、労働基準法は、労働時間、休憩、休日に関する規定が適用されない労働者として、「監督若しくは管理の地位にある者」を規定する（労働基準法４１条２号）。この「監督若しくは管理の地位にある者」とは、労働時間、休憩、及び休日に関する同法の規制を超えて活動しなければならない企業経営上の必要性が認められ、労働条件の決定その他労務管理について経営者と一体的立場にある者であり、他方、労基法上の規制をせずともその保護に欠けることがないとみられる者で、出勤・退勤等について自由裁量の権限を有し、厳格な制限を受けない者をいうものと解すべきであり、単に局長、部長、工場長等といった名称にとらわれることなく、その者の労働の実態に即して判断すべきものである（大阪地裁昭和６１年７月３０日・レストラン「ビュッフェ」事件判決（労判４８１号）参照）。

　これを本件にみると、申立人らはタイムカードによりその労働時間を管理され、出退勤の自由は全くなかった。

　申立人らは在職途中から店長業務を行い、アルバイトのシフト管理や食材の発注、レジ締め等を行ったが、他方で、ホールでの接客業務、調理、仕込みなど他のアルバイトが行うような業務も行った。また、店長とは言っても、正社員の採用・給与の決定、社員の異動、メニューの決定などに関しては何らの権限もなく、経営に関する事項についても何らの権限も有していなかった。よって、申立人らが経営者と一体的立場にある者とはおよそ認められない。

　更に、申立人らの給与は、申立人らの在職中の最高額でも月額基本給

３５万円であり、それ以外に何らの手当等もないことを考えると、およそ残業代を支払わなくてもその保護に欠けることがないとは言えない。
　　以上から、申立人らが労基法４１条２号の「監督若しくは管理の地位にある者」にあたらないことは明らかである。
4　次に③についてであるが、既に述べたとおり、上記契約内容は、平均すると１週に１日休みで１日約１０時間勤務する労働契約となる。かかる所定労働時間を定める労働契約が、１日８時間１週４０時間を法定労働時間と定める労働基準法３２条に違反することは明白である。そして、労働基準法に違反する労働契約は、その違反する部分については労働基準法に定める基準によることとなるので（労基法１３条・労基法の強行的・直律的効力）、本件契約も１日８時間１週４０時間の法定労働時間の制限に服することとなる。よって、１日８時間１週４０時間を超える申立人らの労働に対しては、労基法３７条所定の割増賃金支払義務が発生する。
5　最後に②についてであるが、申立人らは、入社の際に、「基本給の中に残業代１２万円が含まれている」などという説明を受けたことがそもそもない。上記のとおり、相手方は申立人らの入社の際には、労働時間と賃金に関しては「月に２６０時間働いたら固定給をやる」とだけ説明をしただけである。残業代については何の説明もないし、ましてや基本給の中に残業代が含まれているなどという説明など全くなかった。
　　また、仮に相手方がそのような主張をしていたとしても、相手方のかかる主張が誤りであることは明らかである。即ち、時間外労働に対する割増賃金を一定の固定額で支払うこと自体は、労基法の趣旨を潜脱するものでなければ必ずしも違法ではないとしても、固定額の手当の支払いで時間外労働に対する割増賃金に代替できるのは、割増賃金部分が通常の労働に対する賃金部分と明確に区別されていることが必要である（高知県観光事件最判平成６年６月１３日、労判６５３号１２頁）。即ち、就業規則、賃金規定等において、当該手当のうちのどの部分が割増賃金に相当するのかが明示されていなければならない。割増賃金部分の明示がな

くして時間外労働に対する割増賃金に代替できるとすれば、労働基準法所定の割増賃金額を超えて適法に支払われているかの確認をすることができず、また、使用者の恣意により就業規則の解釈が行われ、労働基準法３７条１項が使用者に対し割増賃金支払義務を課し、もって、法定労働時間の実効性を確保するとともに、時間外労働に対する労働者の保護を図ろうとした趣旨を没却することになるからである。

　本件では、相手方は申立人らに対し、基本給を支払うのみであり、残業代を固定にて支払っていることが何ら明示されていない。よって、基本給の中に残業代が含まれているとの相手方の主張は、割増賃金部分が通常の労働に対する賃金部分と明確に区別されていない以上、許されない。

６　よって、申立ての趣旨記載のとおりの審判を求める。

証拠方法

甲第１号証	現在事項全部証明書
甲第２号証の１～５	給与明細書（申立人X₁）
甲第３号証の１～１５	給料明細書（申立人X₂）
甲第４号証の１～１３	タイムカード（申立人X₁）
甲第５号証の１～２９	タイムカード（申立人X₂）
甲第６号証	陳述書（申立人X₁）
甲第７号証	陳述書（申立人X₂）

附属書類

１	申立書写し	４通
２	甲第１号証（資格証明書兼）	１通
３	甲第１号証写し	１通
４	甲第２～７号証写し	各２通
５	証拠説明書及びその写し	各１通
６	訴訟委任状	２通

第2章 特殊な雇用形態の事例

Ⅰ. はじめに

　この章では、労働者が「派遣」「偽装請負」の非正規雇用、あるいは雇用形態が特殊であるような場合の事例などを取り上げ、法律構成などを検討する。

　とりわけ労働者派遣については、雇用契約と指揮命令が分離している雇用形態からくる特殊な関係から紛争も複雑になる。こうした特殊な関係下での紛争の解決に、労働審判をどのように活用できるのかが課題である。

　さらに、2012年に成立した労働者派遣法の改定法では、派遣先使用者に「雇用申込みの見なし規定」が盛り込まれている。

　すでに、派遣労働者の保護を内容とする法律と共に、2015年10月1日にみなし規定が施行される。この改定労働者派遣法を労働審判でどのように活用できるのかも検討しておきたい。

Ⅱ. 派遣、請負など三者の労働契約関係と労働審判の相手方

1.「適法な請負」では原則として雇用主たる請負業者に

　適法な請負関係の受注元で雇用されている労働者は、形式的には、発注者に対しては、労働契約関係はない。労働審判の対象である労働契約は発注者（請負先）との間にはなく、「労働関係に関する事項」（労働審判法1条）の問題が生じる余地も無いのが建前である。発注元から受注している請負事業者は、独立して仕事をしているから、請負事業者に雇用されている労働者が、発注者に対して労働審判の申立をする余地はないはずである。

　しかし、いわゆる事業場内請負の場合は、発注者である工場からの指示が全く

ないということは考え難いから、適法な請負契約といえるのか否かは慎重に見極める必要がある。

　適法な請負か労働者派遣かの判断にあたっては、昭和61年4月17日 労働省告示第37号「労働者派遣事業と請負により行われる事業との区分に関する基準」に基づいて検討するのが一般的である。

　適法な請負か労働者派遣（＝偽装請負）かは、単に発注元と労働者の間に指揮命令関係があるか否かだけでなく、請負事業主である受注先使用者が、「請負った業務を自己の業務として、発注元から独立して処理するものであること」という点も重要であり、自らの道具、機械を使用して仕事を完成させているか否かも重要な要素である。

　適法な請負であれば、労災による損害賠償などの場合も、雇用主として労働関係に立つのは請負契約を締結している請負受注業者だけであるから、請負発注元である工場操業会社を相手方とする労働審判申立はできないことになる。労働者派遣の場合と異なり、理論上は発注元（就労先工場の事業主）とは労働関係がないので、当事者とする審判申立はできないということになる。

　しかし、発注元が所有し管理する機械などを使用して生じた労災事故などで安全配慮義務違反によるその損害賠償請求を求める場合もありうる。機械の管理者である発注元を相手方にできないということになると不都合である。発注元も労働における作業環境に関して直接的な接触関係にあるのだから「労働関係に関する事項」の当事者として審判の対象となる可能性はある。労災に関しては、労働者派遣の場合とあまり差はないようにも思われる（もっとも機械の管理を発注元がしていれば、すでに前述の基準に照らして、請負とは言い難いということになるかもしれない）。

　偽装請負といえる場合は後述するように労働者派遣関係と同様と解せられるとするのが最高裁の理解であるから、労働審判の対象としても差し支えないだろう。

2．労働者派遣における派遣元、派遣先との労働審判
（1）労働者派遣における「労働関係に関する事項」

労働者派遣とは、雇用関係が派遣元使用者にある労働者と、当該労働者が派遣先から指揮命令を受け派遣先に労務提供をする関係にある三者関係である。端的にいえば、雇用と使用の分離した労働関係である。

　この場合、派遣元事業主も派遣先事業主も労働者との間で労働関係にあることは明らかであるから、派遣元との間の雇用契約関係の存在、派遣先との間の指揮命令関係がある以上、その義務違反から生じる損害賠償責任、たとえば安全配慮義務違反（労災など）や、職場環境調整義務違反（ハラスメントなど）の当事者として「派遣先」使用者が含まれることは当然である。

　派遣先の義務については、労働者派遣法44条から47条の労働基準法や労働安全衛生法などの事業主の義務が派遣先の義務として準用されている（別表）。労働基準法の均等待遇や強制労働の禁止、労働時間規定や、労働安全衛生法上の労災防止措置などの使用者の義務が派遣先使用者にも適用されているから、これらの事項に関しては、労働者派遣契約に付随する信義則上の義務に基づき損害賠償請求などは派遣先に対して当然にできると解すべきである。

（2）労働契約の存否に関する事項

　労働者派遣契約が解除となり、派遣労働者が、派遣元から解雇された場合、雇用関係は派遣元との間にしかないから、解雇を争う審判（雇用関係の存否に関する審判）は、雇用契約を締結している派遣元使用者のみが相手方となるのが原則である。しかし、派遣先は相手方とする余地がまったくなくなるのかは、検討すべき論点である。

　例えば、派遣先の契約解除の理由が、派遣労働者が労働組合活動を理由にした契約解除などであった場合や労働局に対する申告をしたこと等が理由である場合は、憲法28条違反や、労働者派遣法49条の3、あるいは公益通報者保護法3条、4条違反などを理由に労働者派遣契約の解除そのものが無効となるから、派遣先使用者も審判の相手方とすべきだろう。

　なお、派遣契約そのものは適法であるが、労働者派遣受入可能期間をこえて就労している場合等についても、派遣先との間の雇用関係の存否が問題となる（後述Ⅲ．「3．違法な労働者派遣」の項で述べる）。

派遣労働者に関する派遣元・派遣先の責任分担
1 労働基準法（※下記の労基法・派遣法の条項参照）

派遣元（労基法）	派遣先（派遣法・労基法）
均等待遇（3条）	均等待遇（44条1項・3条）
男女同一賃金の原則（4条）	
強制労働の禁止（5条）	強制労働の禁止（44条1項・5条）
	公民権行使の保障（44条2項・7条）
労働契約	
賃金	
1ヵ月単位の変形労働時間制、フレックスタイム制、1年単位の変形労働時間制の協定の締結・届出、時間外・休日労働の協定の締結・届出、事業場外労働に関する協定の締結・届出、専門業務型裁量労働制に関する協定の締結・届出（32条～32条の4、33条、34条、35条、36条）	労働時間、休憩、休日（44条2項・32条～32条の4）
時間外・休日、深夜の割増賃金（37条）	
年次有給休暇（39条）	
最低年齢（56条）	
年少者の証明書（57条）	
	労働時間及び休日（年少者）（44条2項・60条）
	深夜業（年少者）（44条2項3項・61条）
	危険有害業務の就業制限（年少者及び妊産婦等）（44条2項3項・62条）
	坑内労働の禁止（年少者及び女性）（44条2項3項・63条）
帰郷旅費（年少者）（64条）	
産前産後の休業（65条）	
	産前産後の時間外、休日、深夜業（44条2項・65条）
	育児時間（44条2項・67条）

	生理日の就業が著しく困難な女性に対する措置（44条2項・68条）
徒弟の弊害の排除（69条）	徒弟の弊害の排除（44条1項・69条）
職業訓練に関する特例（70条）	
災害補償（75条～88条）	
就業規則（89条～93条）	
寄宿舎（94条～96条の3）	
申告を理由とする不利益取扱禁止（104条2項）	申告を理由とする不利益取扱禁止（44条5項・104条2項）
国の援助義務（105条の2）	国の援助義務（44条5項・105条2項）
法令規則の周知義務（106条）	法令規則の周知義務（就業規則を除く）（44条5項・106条）
労働者名簿（107条）	
賃金台帳（108条）	
記録の保存（109条）	記録の保存（44条5項・109条）
報告の義務（110条）	報告の義務（44条5項・110条）
国・公共団体への適用（112条）	国・公共団体への適用（44条5項・112条）

2　労働安全衛生法（※派遣法45条・下記の労基法の条項参照）

派遣元（労基法）	派遣先（労基法）
職場における安全衛生を確保する事業者の責務（3条）	職場における安全衛生を確保する事業者の責務（3条）
事業者等の実施する労働災害の防止に関する措置に協力する労働者の責務（4条）	事業者等の実施する労働災害の防止に関する措置に協力する労働者の責務（4条）
労働災害防止計画の実施に係る厚生労働大臣の勧告等（9条）	労働災害防止計画の実施に係る厚生労働大臣の勧告等（9条）
総括安全衛生管理者の選任等（10条）	総括安全衛生管理者の選任等（10条）
	安全管理者の選任等（11条）
衛生管理者の選任等（12条）	衛生管理者の選任等（12条）
安全衛生推進者の選任等（12条の2）	安全衛生推進者の選任等（12条の2）
産業医の選任等（13条）	産業医の選任等（13条）
	作業主任者の選任等（14条）

	統括安全衛生責任者の選任等（１５条）
	元方安全衛生管理者の選任等（１５条の２）
	店社安全衛生管理者の選任等（１５条の３）
	安全委員会（１７条）
衛生委員会（１８条）	衛生委員会（１８条）
安全管理者等に対する教育等（１９条の２）	安全管理者等に対する教育等（１９条の２）
	労働者の危険又は健康障害を防止するための措置事業者の講ずべき措置（２０～２５条の２）
	労働者の遵守すべき事項（２６条）
	元方事業者の講ずべき措置（２９条）
	特定元方事業者の講ずべき措置（３０～３０条の２）
	定期自主検査（４５条）
	化学物質の有害性の調査（５７条の２～５８条）
安全衛生教育（雇入れ時、作業内容変更時）（５９条３項）	安全衛生教育（作業内容変更時、危険有害業務就業時）（５９条）
	職長教育（６０条）
危険有害業務従事者に対する教育（６０条の２）	危険有害業務従事者に対する教育（６０条の２）
	就業制限（６１条１項）
中高年齢者等についての配慮（６２条）	中高年齢者等についての配慮（６２条）
事業者が行う安全衛生教育に対する国の援助（６３条）	事業者が行う安全衛生教育に対する国の援助（６３条）
	作業環境測定（６５条）
	作業環境測定の結果の評価等（６５条の２）
	作業の管理（６５条の３）
	作業時間の制限（６５条の４）

健康診断（一般健康診断等、当該健康診断結果についての意見聴取）（66条、66条の4、66条の5）	健康診断（有害な業務に係る健康診断等、当該健康診断結果についての意見聴取）（66条、66条の2）
一般健康診断の結果通知（66条の6）	
医師等による保健指導（66条の7）	病者の就業禁止（68条）
健康教育等（69条）	健康教育等（69条）
体育活動等についての便宜供与等（70条）	体育活動等についての便宜供与等（70条）
	安全衛生改善計画等（78条）
	機械等の設置、移転に係る計画の届出、審査等（88条）
申告を理由とする不利益取扱禁止（97条）	申告を理由とする不利益取扱禁止（97条）
	使用停止命令等（98条、99条）
報告等（100条）	報告等（100条）
法令の周知（101条）	法令の周知（101条）
書類の保存等（103条）	書類の保存等（103条）
事業者が行う安全衛生施設の整備等に対する国の援助（105条の2）	事業者が行う安全衛生施設の整備等に対する国の援助（105条の2）

3 雇用の分野における男女の均等な機会及び待遇の確保等に関する法律
（※派遣法47条の2・下記の労基法の条項参照）

派遣元（労基法）	派遣先
妊娠・出産等を理由とする不利益取扱いの禁止（21条、22条、23条）	妊娠・出産等を理由とする不利益取扱いの禁止
職場におけるセクシュアルハラスメント対策の措置	職場におけるセクシュアルハラスメント対策の措置
妊娠中及び出産後の健康管理に関する措置	妊娠中及び出産後の健康管理に関する措置

Ⅲ. 違法派遣（偽装請負）関係と労働審判の対象

1. 偽装請負契約の受注先に対する地位確認、バックペイの申立

　偽装請負については、これを労働者供給といえる場合もあるが、受注請負会社との間の雇用関係が存在している場合は、雇用する労働者を他人の指揮命令下において就労させるという労働者派遣の定義に当てはまるからこれは労働者派遣であるとするのが判例（最高裁平成21年12月18日判決）である。したがって、偽装請負の場合も原則として、雇用関係の存否は労働者派遣と同様、受注元の請負会社を相手方とするほかない。

　但し、派遣労働契約が正式に締結しているのに対し、偽装請負の場合は、口頭で契約している場合や、期間の定めがあいまいであったり事実上更新をしている場合などがあり、当初から期間の定めがないから、請負契約の解除のみを理由に解雇はできないと主張したり、期間の定めのない雇用に転化したという主張することが可能となり、こうした観点から解雇の無効によって受注先（実質の派遣元）に対する地位確認が認められた例がある（**事例一覧216**）。ただ、その後の就労先の確保ができない時に整理解雇として解雇が容認される可能性もあるから発注元の責任がどこまで問えるのか問題となろう。

2. 偽装請負の発注元（事実上の派遣先）に対する労働契約関係確認の申立

　「偽装請負」も労働者派遣であるとする前記の最高裁の見解に立てば、不当労働行為や派遣法違反を告発する申告行為などを理由とした契約の解除は、やはり無効ということになるはずである。

　この場合は、発注元（事実上の派遣先）を相手方とする審判が可能といえるが、損害賠償請求のみならず、発注元と受注先両方を相手方とする地位確認の訴えをなしうるのかが課題となる（後述）。

　現行法上は、発注元＝事実上の使用者として、黙示の労働契約の成立を理由にした地位確認の申立をすることは可能であるが、審判例では、24条決定となっ

た事例（**事例一覧213**）や、申立を棄却した事例（**事例一覧212**）があり、黙示の労働契約の主張の認容の見通しは厳しい。しかし、後述するように、2015年に施行される改定労働者派遣法の下では異なる結論となる。

3．違法な労働者派遣契約（偽装請負）における派遣元、派遣先に対する申立

　違法な「偽装請負」の場合、定義上は労働者派遣に該当し、労働者派遣法上所定の手続を経ていないため事実上の労働者派遣という関係ということになる。つまり請負ではなく、労働者派遣法違反の労働者派遣も偽装請負も法律関係も適用されるべき法律も同じということになる。

　特に、派遣受入の期間について制限（労働者派遣法40条の2）がある業務、例えば普通の経理業務、事務業務など事務労働や、製造業における違法派遣や偽装請負の場合は、派遣就労可能期間の制限違反の状態で継続して勤務が続いていたにも関わらず、突然、使用者側の都合で労働者派遣契約が解除されることが多い。

　こうした解雇の場合に、地位確認の申立は、原則として派遣元に対して行うことになる。適法な派遣の場合は、期間雇用が原則であるから、期間の終了を理由とした解除が通常であり、派遣元に対して、事実上の期間の定めのない契約に転化したという主張は困難となる。

　しかし、労働者が、労働者派遣が継続するという期待を持つのは、派遣元に対してよりは、派遣先に対してであることが実情である。

　前述したとおり、契約解除が不当な動機（不当労働行為、公益通報者保護法違反、労働者派遣法違反）の場合には、契約解除そのものの無効を理由とする解除の無効、解雇の無効主張も可能である。

　しかし、期間制限があるにも関わらず、その期間をこえて就労を継続していた場合は、本来的には適法な労働者派遣ではありえない期間にわたって派遣就労を続けてきた派遣元使用者、派遣先使用者の責任が問題となる。

　派遣先使用者に対する審判の法律構成には以下のようなものが考えられる。

①派遣先に対する地位確認の主張をしつつ、派遣元に対しては損害賠償を求める構成（**事例一覧212、214**）

②派遣先に対しては違反による損害賠償、派遣元に対してのみ地位確認求める構成

③派遣元派遣先が共同の使用者として地位確認を求める（いわば二重の雇用関係の成立）と共に、両者に対して損害賠償を求める構成（**事例一覧219**）

等の法律構成が考えられている。

　いずれのケースも調停による解決の可能性もあるうえ、そもそも三者構成による労働関係であることが明らかな労働者派遣の事例の場合は、紛争の原因となっている当事者が派遣先であることが多いことに照らせば、申立対象に派遣先を加えることは積極的に考えるべきであろう。

　派遣先に何らかの義務違反（受入期間の制限、直接雇用の申込み義務違反、事前面接の禁止違反など）がある場合は、あまり法律構成に縛られることなく、派遣先を労働審判の当事者とするための法律構成の工夫が必要である。

　派遣先との労働契約関係を主張する構成では、事実上の使用従属関係に大きな根拠をおく主張、労働者派遣法の直接雇用申込み義務違反の状態での就労をもって労働契約の黙示の合意を主張する構成などの例もあり、派遣元との「雇用契約関係」が無効であるとか、違法で本来あり得ないから労働契約があるといえないという前提で、労働契約の要素である指揮命令関係が実際にある派遣先との間に雇用契約関係の成立を認めるべきとの構成を行っている事例が多い。

　裁判所の命令による解決では、厳しい判断が多いものの、労働審判の実務の実際では、派遣先との雇用関係がないからとして、直ちに却下したり、24条決定を出すという対応ではない。多くの審判例で、派遣先も含めた調停や和解を試みていたり（**事例一覧219**）、審判により、一定の解決金を派遣先に命じている事例もある（**事例一覧214**）。

　派遣先が実際に紛争の原因となっている実情に照らせば、あまり法律構成に悩まず、当該紛争の実情、派遣先の当該紛争の原因に関しての関与の程度（派遣先からの意向による解除か否か）、当事者の要求の内容などに応じて、派遣先を申

立の対象とするべきであろう。

Ⅳ. 改定労働者派遣法（平成 24 年成立）施行後の課題

1．労働者派遣法の改正の影響

　労働者派遣法の改定法は、平成 24 年に成立し、平成 24 年 10 月 1 日から施行される「日雇い派遣禁止」や、派遣先の「雇用の安定をはかる措置」の義務付ける規定が制定されたほか、2015 年 10 月 1 日からは、一定の場合の派遣労働者と派遣先との雇用申込みのみなし規定が施行される。

　こうした変化は労働審判における派遣先への申立の機会を増加させると予想できる。以下は、改定法の改定部分と審判との関わりに触れておく。

2．労働者派遣法の目的の改定

　労働者派遣法は長らく派遣元事業者に対する取締法としての側面が強かったが、改定法は、法律の名称そのものが、「派遣労働者の就業条件の整備等」に加え「派遣労働者の保護等」が追加された。

　法案に派遣労働者保護の目的が入っていることに照らせば、消費者保護法と同様に、私法上の効力や法違反の場合の損害賠償請求権を導く根拠となる。

3．派遣先使用者の派遣労働者の雇用の安定をめぐる規定の創設

　派遣先使用者の派遣労働者に対する責任も労働者保護の観点で追加されている。

　まず労働者派遣契約の内容として、「派遣労働者の雇用の安定を図るために必要な措置に関する事項」として、①派遣労働者の新たな就業の機会の確保、②派遣労働者に対する休業手当等の支払に要する費用を確保するための当該費用の負担に関する措置、③その他の労働者派遣契約の解除に当たつて講ずる派遣労働者の雇用の安定を図るために必要な措置に関する事項を定めることが義務付けられた（労働者派遣法 26 条）。

また、派遣先の都合による労働者派遣契約の解除の場合、①派遣労働者の新たな就業の機会の確保、②派遣労働者に対する休業手当等の支払に要する費用を確保するための当該費用の負担、③その他の当該派遣労働者の雇用の安定を図るために必要な措置を講じるべき措置が法定された（労働者派遣法29条の2）。

派遣先は、予め、契約書に契約解除後の措置雇用の安定を図るための措置を決めることが義務付けられるが、それだけでなく派遣先都合の契約解除である場合に、従前は、行政指導の内容として求められてきた措置の内容を契約で定めるように義務付けられ、さらに実際に契約解除の際には、就業の機会の確保、休業手当の負担等の措置をとることが法定された。

義務違反を理由にした損害賠償を請求する根拠となりうる。

4．直接雇用みなし規定の導入

（1）派遣先使用者による派遣労働者への雇用申込み意思のみなし規定

2015年10月1日施行予定の改定法では、派遣先に派遣元から雇用契約が移る効果のある派遣先からの申込みの「みなし」規定が導入される。派遣労働者はこれらの要件を満たしているときは、承諾の意思表示をするだけで派遣先との雇用契約関係を主張することが可能となる。

（2）みなし規定が適用される要件

雇用申込みのみなし規定は、派遣先使用者が、次の各号のいずれかに該当する行為を行った場合には、その時点において、派遣先から派遣労働者に対し、その時点における派遣労働者に係る労働条件と同一の労働条件を内容とする労働契約の申込みをしたものとみなすとする規定である。ただし、派遣先が、その行った行為が次の各号のいずれかの行為に該当することを知らず、かつ、知らなかったことにつき過失がなかったときは、この効果は制限されている。

①派遣禁止業務への派遣（4条3項違反）

②無許可・無届派遣元事業主からの派遣（24条の2違反）

③派遣受入期間制限違反の派遣（40条の2第1項違反）

④偽装請負（派遣法などの適用を免れる目的で、請負その他労働者派遣以外の

名目で契約を締結し、26条1項各号に掲げる事項を定めずに労働者派遣の役務の提供を受けること）。

　派遣先は、労働契約の申込みに係る行為が終了した日から1年を経過する日までの間は、申込みを撤回することができない。

　つまり、期間制限違反や偽装請負などの場合は、労働者が雇用を失っても1年以内であれば承諾することができるし、その場合には、派遣元と同じ内容の契約が派遣先使用者との間で成立したとして申立をすることができる。

　派遣先使用者が、労働者派遣法違反事実の認識がなかったとして争われる可能性は残るが、従前の黙示の労働契約の主張の困難さに比較すれば、大きな改定といえる。

　今後は、派遣労働者が、契約解除された場合は、違法な派遣といえる実態があれば、派遣先使用者に対する労働契約上の権利義務関係の確認を求めて、派遣先使用者を相手方とする労働審判の申立を当該契約解除後1年以内に行う必要があり、申立をすれば派遣先であっても雇用契約上の責任は免れないことになる。

　なお本稿作成後の2014年2月25日、新たに労働者派遣法要綱が示され、法案が成立すれば労働者派遣期間の制限については派遣先使用者の手続により大幅に緩和される可能性があり注意を要する。

V. その他の特殊の契約形態の労働者の事例と実際

1. 期間雇用と労働審判

　期間雇用労働者は、その割合の多さからみれば、もはや特殊な契約形態とはいえない。期間雇用といえども労働契約上の権利に異なるところはない。期間雇用の労働審判の事例も少なくない。

　期間雇用の労働者の多くは、契約更新拒絶のケースが多いが、継続雇用の期待が認められるならば、契約更新拒絶の場合でも、更新を拒絶する社会的相当性が必要である。

　この期待は、契約更新が長年にわたって継続すれば当然存在すると判断される

場合が多いが、契約形式上の有期契約で初めての更新拒絶の場合であっても当該契約が継続することが前提とされている実態がある場合も契約更新の期待権が保護される（明石書店事件＝東京地裁平成22年7月30日、労判1014号83頁）。期間雇用の場合も継続就労の実態がある場合は、その実態をきちんと主張していくことが重要であり、申立をあきらめるべきではない。現状は常用的雇用でも形式上、有期契約とされて、形式上は「雇止め」という形の乱暴な解雇がなされる場合が多いから、実質解雇といえるような雇止めの事例は、実態を重視する労働審判でこそ、労働者的視点で労働契約法19条を積極的に解釈して異議を申立して労働審判制度を活用していくべきである。

2．労働者性が争われた事例

（1）クラブホステス

労働審判で労働者性が争われたクラブホステスの事例などもある。

午後8時30分から午前0時まで働いて日給4万6000円のクラブホステスが、遅刻や早退、無断欠勤によって賃金が半額カットされたり、売掛金の未回収金を立替させられたり、厚生費と称してトイレットペーパー代として毎月3万から5万円を天引きされたことに対して賃金支払を求めた労働審判でクラブ側が「業務委託」であるとして労働者ではないとして争った事例では、労働審判委員会は、労働者性を認める方向で調停案を提案して調停が成立している。

（2）会社取締役

会社役員であっても、労働時間管理がされているケース等は労働審判の対象とする労働者と解して差し支えない。さらに代表取締役の場合でも、関連子会社で社員がわずかで実質的には部門責任者という事例もあり、たとえ代表取締役でも、実態として会社から与えられた権限が少なく実質親会社の労働者といえるような場合でも労働審判で争われた事例はある。

この場合も、労働者の実質を備えている実態を示す事実を主張して、労働審判の対象となる前提で申立をすべきである。

（3）労働者性についての積極的な争いの必要性

労働者といえるためには契約形式ではなく労働関係に即して決められる。労働実態が「使用され」かつ「賃金を支払われている」と判断される要素として、(1)仕事依頼に対する諾否の自由がない、(2)業務の内容や遂行の仕方について指揮命令を受け、(3)勤務場所や時間が拘束され、(4)業務遂行を他人に代替させえない、といった要素を主張することになる。

　労働者性をめぐる裁判では、労災適用の有無で労働者性を否定した裁判例や、会社所有のトラックで、労災保険も社会保険も加入しながら、費用はすべて労働者に経費として負担させていた事例で「配送先が決定されるだけで、通行ルートは裁量によって決定され、断る自由もあるから労働者ではない」として地位確認を却下した裁判例（後に高裁で和解）などもあり、職業裁判官が理論的な深みにはまって労働者性を否定する事例も少なくないが、労働審判では、むしろこのような特殊な契約形態を労働実態から理論的争いにせず、妥当な解決をはかるための手段として、積極的に労働審判手続を活用するべきである。

労働審判手続申立書

(2015年10月1日〜 偽装請負での改正派遣法のみなし規定適用例)

平成27年12月25日

○○地方裁判所　御中

　　　　　　　　　　申立人代理人　　　弁護士　　　Ａ

〒

　　　　　　　　　　申　立　人　　　　Ｘ

〒

　　　　　　　　　　相　手　方　　　　株式会社Ｙ（派遣先）

〒

　　　　　　　　　　相　手　方　　　　株式会社Ｚ（派遣元）

地位確認等請求労働審判申立事件
　　訴訟物の価額　　金５００万円
　　貼用印紙額　　　金１万５０００円

申 立 の 趣 旨

1 申立人は，相手方Y（派遣先）に対し，労働契約上の権利を有する地位にあることを確認する。
2 相手方らは，申立人に対し，平成27年12月16日から毎月25日限り，金25万円及びこれに対する各支払期日の翌日から支払い済みまで年6分の割合による金員を支払え。
3 相手方らは，連帯して，申立人に対し，金200万円を支払え。
4 審判費用は，相手方らの負担とする。

との労働審判を求める。

申 立 の 理 由

第1 当事者

1 相手方株式会社Y（甲1・現在事項証明書）

相手方株式会社Y（以下「相手方Y」という）は，……昭和○年に設立され，○○に本社を有する。資本金は○円で，従業員は正社員が約○○名，パート・アルバイトが約○○名である。

申立人が就労した本社では，○○人程度の従業員が就労していた。

2 相手方株式会社Z（甲2・現在事項証明書）

相手方株式会社Z（以下「相手方Z」という）は，……昭和○年に設立され，本社を○○においている。資本金は約○○円，従業員数約○○名で，グループ全体の従業員数は約○○名である。

相手方Zは，就職・転職・進学情報の提供や業務請負，人材派遣，人材紹介，雑誌，書籍の出版などを主たる業務とする株式会社である。

3 申立人

申立人は，平成22年12月1日より相手方Zと雇用契約を締結し，相手方Yに派遣され，現在に至るまで，相手方Yの総務部で，総務事務に従事していた。

第2　申立人の業務内容、就労実態、労働条件
1　相手方Yで働くまでの経緯
　申立人は，平成22年10月に相手方Zの事務所で登録した。希望職種については「一般事務」と登録した。

　平成22年10月30日ころ，申立人は相手方Zの営業担当社員から電話を受け，「相手方Yで仕事があるので面接を受けないか」と電話連絡があり，相手方Yの社員2名による面接を受けた。……略……2日後，相手方Z担当者より申立人に連絡があり，相手方Yで採用されたと知らされた。

2　相手方Yで就労する際の契約形態（業務委託偽装の違法派遣状態）
　申立人は、相手方Zとの間で、雇用契約を締結したが、就労場所としてY社事務所が記され、労働条件はY社に従うと記されるのみであった。

　就労条件としてZ社から明示された労働条件は以下のとおりである。

　　賃金　　　時給1,225円　　毎月末締め，翌月◇◇日支払い
　　期間　　　平成22年12月1日～平成23年5月31日
　　就業場所　株式会社Y社総務部
　　業務内容　一般事務請負
　　就業日　　月曜日から土曜日及び祝日
　　就業時間　午前9時00分～17時00分　休憩時間60分

3　相手方Y総務部での業務について
(1)　申立人の就労部署

　契約以後、申立人は、相手方Yの総務部に配属され、そこで電話応対などを含む業務の指導をY社の社員から受けて業務に従事した。

(2)　申立人の主な業務内容は以下のとおりであった。
　　① 給与計算　……
　　② 電話応対（取次ぎ・クレーム対応・各問い合わせ対応）
　　③ 来客対応（客室準備・案内・お茶出し・片付け）
　　④ 宅配・郵送物などの受取り，各部ごとへの仕分け
　　⑤ 協会健保関係対象者への書類の発送

(略)

⑫　その他の庶務的業務

　　申立人は、以上の業務を一人で担当しているのではなく、Y社の社員と一緒に混在して、仕事を受けていた。また仕事の指示はY社の社員を通じて受けており、Z社からは特段の指示を受けなかった。

　　以上から明らかなとおり、申立人は、相手方Zを派遣元、相手方Yを派遣先とする労働者派遣の実態で就労しており、本来は労働者派遣法規定に従って派遣労働契約を締結すべきであったが、労働者派遣契約を締結していなかった。

　　相手方Zの担当者は、この契約ならば長期間にわたって契約できるからと説明し、相手方Yも、長期にわたって働いてもらいたいからと説明していた。

4　契約の更新とその内容

　　申立人は最初の契約は6か月の契約であったが、その後6か月の契約を8回更新し、5年間にわたって相手方Yで就労を継続した。

第3　「派遣」打ち切り宣告と労働契約の成立

1　相手方らの契約解除

　　平成27年9月1日、相手方Zは、申立人に対し平成27年12月1日以降の契約は更新しないことになったと告げた。申立人は○○労働組合に相談した結果、労働組合は団体交渉を申し入れたが、相手方Yは、団体交渉を拒否し、平成27年11月30日をもって、相手方らの「労働者派遣」契約は解除され、相手方Yは申立人の就労を拒否した。

2　相手方Yによる直接雇用申し込み（派遣法40条の6）

　　相手方Y及びZは派遣法などの適用を免れる目的で、請負その他労働者派遣以外の名目で契約を締結し、同法26条1項各号に掲げる事項を定めずに労働者派遣の役務の提供を受けていた。よって、少なくとも労働者派遣法40条の6が施行された平成27年10月1日以降、相手方Yから申立人に対し、相手方Zと申立人との間の労働条件と同一の労働条件を内容とする労

働契約の申込みをしたものとみなされる。
3 直接雇用申し込みに対する承諾の意思表示
　申立人は、平成27年12月15日、相手方Yに対し、労働者派遣法40条の6に基づき、相手方Zと同一の労働条件の契約申し込みに対し承諾するとの意思を内容証明郵便で通知し、同月16日内容証明郵便は相手方Yに到達した。よって、申立人と相手方Yとの間に、前記の第2、2記載の労働条件を内容とする労働契約が成立した。
　よって、申立人は相手方らに対し、平成27年12月16日以降、労働契約上の権利義務関係があることの確認を求めると共に、毎月25日限り、金25万円の支払いを求める。

第4　相手方らの不法行為

　申立人は、本来は、労働者派遣法に基づいて契約を締結し、派遣受入可能期間である3年を越えた平成25年12月1日以降は、労働者派遣法所定の手続をとる義務があった。
　しかし、相手方らは労働者派遣契約を締結せず、違法な労働者派遣を継続し、申立人を違法な偽装委託（請負）形態においたまま、さらには平成27年11月30日をもって突如、「労働者派遣契約」を打ち切り、労働組合を通じて、就労継続を求めたにも関わらず、これを拒否し、契約更新をせず、契約を解消し申立人の生活を脅かした。
　相手方Yは、労働者派遣法に基づいて申立人に対して雇用契約の申込みをしたものと見なされているのに、相手方らは、この適用を受けることも知りながら放置したものであり、さらに契約更新拒絶までして、申立人を不安定な地位に陥れたものである。
　相手方らは、労働者派遣法の適用を受ける事を知りながら、あるいは容易に知ることが出来たにも関わらず、違法な契約形態で申立人を就労させていたものであり、こうした自らの違法性を隠蔽するかのように契約更新を拒絶し、申立人を就労を奪ったものである。
　相手方らの行為により、申立人は雇用の場を得て生活の糧である賃金を得

る地位を奪われ不安な状態に置かれた。相手方らの行為によって申立人の受けた精神的苦痛を金銭に見積もると、金２００万円を下らない。

　以上より、申立人は、相手方らに対し金２００万円の損害賠償請求権を有する。

第５　証拠の提出要求

　　（以下、略）

平成○○年（労）第○○○号　未払い賃金等請求労働審判事件
申立人　X₁外2名
相手方　Y

補　充　書　面

平成○○年　○月　○日

○○地方裁判所民事第○部○係　御中

〒○○○-○○○○
東京都○○区○○
　　　　　　　　　　　　　　　　　○○法律事務所
　　　　　　　　電　話　○○-○○○○-○○○○
　　　　　　　　ＦＡＸ　○○-○○○○-○○○○
　　　　　　　　　　　　　　　　申立人ら代理人
　　　　　　　　　　　　　　　弁護士　Ａ
　　　　　　　　　　　　　　　弁護士　Ｂ

はじめに

　本書面では、相手方の答弁書に対して反論する。
　相手方の答弁書の主張は、本件申立人らの未払い賃金請求を棄却すべき主要な根拠としてただ一つ、「申立人らが労基法上の労働者ではないこと」を挙げているだけなので、本件の争点は単純である。
　相手方の本件争点に関する主張は、総じて誤魔化しや言い逃れ、虚偽の事実主張ばかりであり、申立人らが独立した自営業者（委託・請負業者）などではなく、労基法上の労働者であることは明らかである。
　そうであれば、本件には労基法16条、24条などが適用されることになり、

申立人らに本来支払われるべき賃金（日当）から差し引かれた本件の各種ペナルティ、未回収売掛金の天引き、厚生費の天引きは違法無効になるから、相手方は申立人らに対して、その違法に天引きした賃金を支払うべきことになる。

1　労働基準法上の「労働者」の意義

相手方は、申立人らと「サービス業務委託契約書」（乙１など）を締結しており、申立人らは「労働者」ではなく、「個人事業主」であると主張しているから、労基法上の労働者か個人事業主かの判断基準が問題となる。

労働基準法９条は、同法の保護の対象者としての「労働者」を「職業の種類を問わず、事業又は事務所に使用される者で、賃金を支払われる者」と定義している。労働契約法の労働者の定義も基本的に同一であり、同法の適用対象である「労働者」を「使用者に使用されて労働し、賃金を支払われる者」（同法２条１項）と定義している。

したがって、労基法上の労働者か否かの判断は、本件のように契約書の名称が請負・委任契約の形式が取られていたとしても、契約の名称や形式（形態）によって決められるのではなく、労働関係の実態において事業に「使用され」かつ賃金を支払われていると認められれば、「労働者」といえる。

「使用される」といえる典型は、①仕事依頼に対する諾否の自由がなく、②業務の内容や遂行の仕方について指揮命令を受け、③勤務の場所や時期間が規律され、④業務遂行を他人に代替させえないといった事情がある場合である。そして、労基法上の「賃金」とは、「賃金、給料、手当、賞与その他名称の如何を問わず、労働の対償として使用者が労働者に支払うすべてのものをいう。」（１１条）

以下、このような労働者の定義と判断基準に基づいて、相手方の主張に理由がないことを反論する。

2　ホステスの種類のごまかし

相手方は、高級クラブのホステスには３種類あると主張しているが（答弁書

5頁以下)、誤りでありホステスの種類を誤魔化して議論をすり替えようとしている。
(1) まず、相手方には「売上ホステス」などという呼び名(種類)のホステスはいない。

　申立人らホステスやヘルプとは違い、他にいたのは、自己の顧客の売上を店と折半するホステス(折半ホステス)であり、自分の顧客が来店する時だけ店に出て、テーブル(場所)を店から貸してもらい、その使用料として上がった売上を店と折半して分けるというものである。

　相手方の店にはこのような独立した個人事業主として契約していたホステスが2~3人いた。源氏名は「花子」と「ゆい」他のホステスであり、彼女らは店と自己の売上を店と折半するという契約書を締結していた。彼女らは、売上のノルマもないし、出退勤も勤務時間も自由であり、自分のお客が来店する時だけ店に出ればよいし、ペナルティもなく、「ホステス店内規則」(甲1)の適用もない。個人事業主として税務上の確定申告をしていたと思われる。

　このような契約と仕事の実態のホステスであれば、独立した個人事業主として業務委託契約を締結していると言えるであろうが、申立人らは当然のことながら、このような売上を折半するホステスではない。

(2) 相手方の店に雇われていたホステスには、売上ノルマが課されたホステスと売上ノルマや同伴ノルマが課されていないホステス(いわゆるヘルプ)が存在した。

　この他に、接客遊興サービスをしない契約になっている「エスコートガール」(時給3000円)と「バニーガール」(時給4000円)の女性が雇用され店で働いていた。この時給の違いは、店内で着ている服装の露出度の違いであり、バニーガールはほとんど露出度の高い格好をさせられるので時給が高かったということである。仕事の内容は、来店したお客のテーブルへの案内、おしぼりを出すなどといった単純なものであり、接客はしないという契約であった。相手方では、ホステスを求人雑誌で募集していた。ところが、相手方のママは、接客はさせないという契約であったにもかかわらず、人

によってはバニーガールをお客に付けてテーブルで接客させたりしていたので、苦情が出ていた。

（3） したがって、以上、相手方の店で働いていたホステスの種類を整理すると、ホステスたちを業務上指揮命令する「ママ」と独立した個人事業主である「折半のホステス」、従業員として雇用されている「ホステス」のなかに、売上ノルマや同伴ノルマが課されているホステスとそのようなノルマがないホステス（ヘルプ）がいた。そして、それとは別に「エスコートガール」と「バニーガール」がいたということになる。

（4） 申立人X₁は、売上ノルマや同伴ノルマが課されるホステスであり、申立人X₂と同X₃はヘルプのホステスとして契約して雇用されていた。ところが、ヘルプとして雇われ入店したにもかかわらず、申立人X₂は同伴ノルマを課さないのであれば日給をカットすると言われてカットされ、途中から一方的に同伴ノルマを課された。申立人X₃の場合も途中から一方的に同伴ノルマを強制された。

3　申立人らの入店時の契約内容（答弁書6頁〜9頁）

（1） 申立人X₁の契約内容

①入店日と、②の売上の定義、③店内での勤務時間、⑤同伴ノルマ、⑥日当については認めるが、その余は間違っている。

②は業務委託に基づく売上ではなく、雇用契約上の売上ノルマであり、売上金（売掛金）の所属（所有）はあくまで相手方である。売上折半のホステスと違って、売上金や売掛債権が申立人らホステスに帰属するわけでは全くない。

③で相手方も認めているとおり、毎日午後8時30分から閉店まで勤務時間を拘束されており（乙3「出勤時間」「帰店時間」欄）、出勤時間など自由に決められるわけがなかった。

④出店日は特に定めていないと相手方は述べているが、虚偽である。申立人X₁は入店する際、週の営業日5日は出勤すると約束していた。「入店稟

議書」(乙3)の条件欄に特に出勤日数を記入していないということは営業日(月〜金)は全て出勤するという条件である。

⑥の日当は、契約で拘束された「労働日」と「勤務時間」の労働の対価としての「日当」であり、賃金である。売上ノルマの達成の度合いによって賃金が減額されることになっており、「売上がゼロの場合の日当は3万4000円となる」ということは、最低保障の賃金(日当)の支払いが保障されていたということである。

以上のような契約と労働実態にある者を「個人事業主」などとは言わない。「労働者」である。

(2) 申立人X_2の契約内容

①契約日、②売上ノルマがなかったこと、③勤務時間、⑤同伴ノルマ、⑥日当については認めるが、その余は間違いである。

②の売上ノルマがなかったということは、ヘルプのホステスということであり、独自の売上を立てるものでなく、最初から独立した個人事業主ではないということである。申立人X_2に支払われていた日給は、日々の労務提供(労働)に対する対価でしかあり得ない。

③で相手方も認めているとおり、毎日午後8時00分から午後11時45分まで勤務時間を拘束されており(乙5「出勤時間」「帰店時間」欄)、出勤時間など自由に決められるわけがなかった。

④出店日は特に定めていないと相手方は述べているが、虚偽である。申立人X_2は入店する際、週の営業日のうち3日は出勤すると約束していた。「入店稟議書」(乙5)の条件欄に「週3日(月、水、金)」出勤するという条件が記入されている。労働日は決まっており、拘束されていた。

⑥の日当は、契約で拘束された「労働日」と「勤務時間」の労働の対価としての「日当」であり、賃金である。「保証」と書いてあるように、約束した賃金(日当)の支払いが保障されていたということである。

以上のような契約と労働実態にある者を「個人事業主」などとは到底言うことはできない。「労働者」である。

(3) 申立人X₃の契約内容

①契約日、②売上ノルマがなかったこと、③勤務時間、⑤同伴ノルマ、⑥日当については認めるが、その余は間違いである。

申立人X₂と同じように、②の売上ノルマがなかったということは、ヘルプのホステスということであり、独自の売上を立てるものでなく、最初から独立した個人事業主ではないということである。申立人X₃に支払われていた日給は、日々の労務提供（労働）に対する対価でしかあり得ない。

③で相手方も認めているとおり、毎日午後8時00分から午後12時まで勤務時間を拘束されており（乙7「出勤時間」「帰店時間」欄）、出勤時間など自由に決められるわけがなかった。

④出店日は特に定めていないと相手方は述べているが、虚偽である。申立人X₃は入店する際、週の営業日5日は出勤すると約束していた。「入店稟議書」（乙7）の条件欄に特に出勤日数を記入していないということは営業日（月～金）は全て出勤するという条件である。

⑥の日当は、契約で拘束された「労働日」と「勤務時間」の労働の対価としての「日当」であり、賃金である。「保証」と書いてあるように、約束した賃金（日当）の支払いが保障されていたということである。

以上のような契約と労働実態にある者を「個人事業主」などとは到底言うことはできない。「労働者」である。

4 申立人らは労基法上の「労働者」には該当しないとの主張について

（一） 相手方の指揮監督下における労働である

（1）「相手方は、申立人らが行う営業活動や申立人らが連れてくる客に対する飲食遊興サービスの提供に関して、申立人らに対して具体的な指揮命令をすることはない。」（答弁書14頁(ｳ)）とか、「相手方が同人らの客を呼ぶよう個別に仕事の依頼ないし業務従事の指示等をしても、申立人らはこれに従う必要は全くない。（業務指示に対する諾否の自由がある。）」（同(ｴ)）と強弁するが、申立人らは相手方のママで経営者のCや社長のD、

副社長という肩書のEなどから指揮命令を受けてホステス業務（接客業務）を行っていた。

　申立人らは相手方から、「売上を上げる客を連れてこい」と命じられ、売上が上がらないと「給料を下げるぞ」と言われ、また、「出勤日数も減らすぞ」と圧力をかけられる（出勤日数を減らされると、日当が減るのでホステスにとっては大きな打撃となる）。申立人らに諾否の自由などあるわけがないし、売上ノルマを課せられている場合はなおさらである。

　「契約書」（乙１など）には、第１０条３項に「乙（申立人ら）が営業時間、その他、甲（相手方）の指示する事項に正当な理由なくして従わなかった時、また職場の風紀秩序を乱した時、及び甲が定めた規定に違反した時」は契約を解除（解雇）できると定めており、同趣旨の規定が「誓約書」（乙２など）の８条④にもある。申立人らには相手方の指示、指揮命令に従うべき義務があった。

　さらに、申立人らは「同伴ノルマ」が課されていたというのであるから、これが達成できない時にはペナルティ（罰金）が課されて日当から引かれるわけであるから、お客を連れてくるという業務指示を断る自由などない。

　同伴ペナルティ（甲１「ホステス店内規則」６条①②）とは、「月間同伴ノルマは最低４回～６回とする。ノルマに満たない場合は、１回につき保証の１００％のペナルティとする。同伴出勤は午後８時３０分までとし、それ以降の出勤は、１５分につき保証の１０％のペナルティとする。」というものであり、同伴ノルマが達成できないとペナルティとして日当が全額支給されないことになり、自分の出勤時間までに客を店に連れて来れずに遅刻をしただけでもどんどん罰金が引かれていくのであるから、諾否の自由などない。

（２）　また、相手方は、「ヘルプ業務」について、「自己の客以外の客の接客を手伝ってもらうことがあったが、それらは本来ヘルプの仕事であって、相手方が申立人らに対して接客を強制した事実は一切ない。」（答弁

書15頁）と強弁するが、虚偽である。

相手方も「確かに、申立人らが相手方の依頼を断ることはほとんどなかったが」と述べるように（答弁書16頁）、ママが申立人らに対して、他の客のヘルプに入ることを指示しており、申立人らはこれを拒否することなどできるわけがない。残業命令にも皆従っていた。

労働日と勤務時間を拘束されて勤務することを義務付けられ、日当が支払われることになっているのだから、接客業務の指示を断れるはずがない。

（3） 相手方は、「申立人らは、自己の客を店に連れてくることができない場合には、わざわざ店に出勤する必要はなく、1か月のうち何日間出勤するかは申立人らの自由であって、強制的に出勤日を指定することはしていない。」（答弁書15頁(オ)）とか、「仕事を切り上げて帰宅するかは申立人らの自由であった。」（同16頁(サ)）などと強弁するが、全くそのような自由などない。

前述のように、申立人らは、入店当初の契約で週に5日～3日と出勤日（労働日）が決められ、毎日の勤務時間（労働時間）も決められていた（乙3、乙5、乙7）。出退勤時間はタイムカードで記録、管理されており（甲5）、相手方により勤務時間を拘束されていた。

欠勤ペナルティとして、無断欠勤をした場合、また午後6時までに連絡がない場合は保証（日当額）の100％ペナルティとして給料から引かれることになっていた（甲1「店内規則」3条②）。さらに、欠勤が多い場合は1日につき日当の全額がペナルティとして給料から引かれることになっていた（同⑦）。

強制出勤日（強制同伴日）のペナルティもあることは上記のとおりである（同規則3条③、6条）。

また、遅刻・早退ペナルティもあり（同規則4条①②）、各自決められた（出勤）時間より、15分につき保証の10％のペナルティ、11時以降の早退は保証の50％のペナルティとするとされていた。

したがって、申立人らには、出退勤の自由などないし、出勤日を自由に決めることなどできるはずもなかった。

(二) **日当は労働の対償として支払われていたものである（労務対価性）**

相手方は、「報酬の労務対価性も認められない。」と主張するが（答弁書１７頁～１９頁）、これも全く誤った主張である。

上記㈠で述べたように、申立人らは相手方の指揮命令の下で接客業務を行い、労務を提供していたのであり、これに対する対価とし「日当」が保障され支払われ、最低保障もあった。毎月の給与明細書（甲２～４）も出され、源泉徴収もされていたのであるから、日当が「賃金」であることは間違いない。

申立人らは、相手方と売上を折半していないし、独立した個人事業主として確定申告などしていない。毎月の給料をもらうことによって生活を立てていたのである。

申立人らは、売上折半のホステスとは異なり、労働日と勤務時間は決まっており、毎日勤務時間を拘束され、労働時間の記録管理をされていたし、接客業務の指示・命令には従っていた。欠勤や遅刻には高額なペナルティ（罰金）が課され、同伴強制出勤日があり、これにもペナルティ（罰金）があり、相手方の指示に従わなかった場合には一方的に解雇（契約解除）されることになっていた。

したがって、申立人らに支払われる「日当」は、一定の労務提供に対する対価として支払われるものであり、「賃金」以外の何ものでもない。

(三) **その他の要素の検討について**（答弁書19頁～22頁）

(１) **事業性について**

相手方は、「業務に使用する機械、器具などを自己負担していることは労働者性を否定する一つの要素とされている」と言いながら、「申立人らは、普段の衣装代やメイク代、携帯電話はもちろん、かなり高価な着物までも全て自己負担で賄わなければならない。」と主張するが、詭弁である。

労働者性の判断基準としての「事業者性」は、自己の計算において独立した事業を営む業者としての要素、すなわち、機械・器具・経費の負担、剰余金の取得、危険や責任の引き受け、他人の雇用、納税上も事業所得としての自己申告がなされているかなどの要素が存在するかどうかの判断である。

　本件の飲食接客業を営む業者としての「機械・器具・経費の負担」とは、接客業を営む店舗と施設及び仕入の負担をしているかどうかが重要な要素であり、当然のことながら、申立人らはそのような経費負担は一切していない。

　相手方が挙げている「普段の衣装代やメイク代、携帯電話」というのは、ホステスに限らず、一般のサラリーマン労働者が出勤する際に着ている背広やスーツなどの仕事着のことであり、自己の携帯電話を仕事に使用している労働者も多い。また、着物については、「新調日、おしゃれ日」などというノルマ強制日があり、ホステスが着るべき衣装についても相手方から詳細に指示されており、これを守れない場合は入店禁止か、ペナルティの対象となるとされている（甲1「店内規則」12条）。申立人らホステスが任意に負担している経費ではない。

　また、相手方は、「税務上、申立人らはいずれも個人事業主として扱われている。」などと述べているが、相手方から毎月の給料から源泉徴収されており（甲2～甲4）、個人事業主として確定申告などしていない。

　さらに、申立人らは毎月の賃金から「福利厚生費」を差し引かれており（甲2～甲4、甲1「店内規則」14条福利厚生費）、独立した事業者であれば、福利厚生費など徴収されない。申立人らは従業員労働者であるからこそ、福利厚生費を勝手に徴収されているのである。

（2）　報酬の額について

　相手方は、「相手方で採用されているヘルプの報酬は日当換算で1万6000円から2万円程度と、売上ホステスの約半分程度にすぎない（乙8）。」（答弁書20頁）と主張しているが、不当である。

乙8の「入店稟議書」には、右上に「フロアー」と書かれており、これは前述した時給制の「エスコートガール」か「バニーガール」のことでないかと思われる。「あや子」は時給4000円のバニーガールとして採用されており、接客はしないという契約であったのだから、賃金額が違って当然である。

（3） 専属性の程度について

　相手方は、「申立人らが昼夜問わず他の仕事に就くことは一切禁じていないし、実際に他の仕事と掛け持ちしている売上ホステスは多数存在している。」（答弁書21頁）と述べているが、これも誤魔化した主張である。

　労働日と勤務時間が拘束され、他の店でホステスを掛け持ちすることなど禁止されているし、できるはずもない。昼間に派遣やアルバイト、一般事務などの仕事をしているホステスもいるが、それは昼も夜も働かなければ食べていけないからであり、昼夜兼業にはやむを得ない切実な事情がある。

（4） ちなみに、相手方は「労基署の調査を受けたことがあった」と述べているが、過去に本件のように賃金の不当な未払いがあり、何人ものホステスが労基署に労基法違反を申告しており、何回も労基署は相手方の店舗に来たが、居留守を使ったり、入店を拒んだりして、何度も調査を拒否していた。

（四） 以上述べたように、申立人らは、①仕事依頼に対する諾否の自由がなく、②業務の内容や遂行の仕方について相手方の指揮命令を受け、③勤務の場所や時期間が規律され、④業務遂行を他人に代替させえないことは明らかであり、労働関係の実態において事業に「使用され」かつ賃金を支払われていると認められるから、労働基準法上及び労働契約法上の「労働者」といえる。

5　各申立人らの請求についての検討（答弁書23頁～27頁）

（一）　売掛未収金の控除について

　相手方の主張は、要するに、ホステスの要求により、ホステスが売上ノ

ノルマを達成するため、あるいはより多くの報酬を得るために、客にツケで飲食させて売上だけ上げて、未回収のリスクを負わないことは不公平であるから、売掛未収金をホステスに肩代わりさせることは当然である、ということである。

　しかし、客の売掛金について飲食の日から６０日以内に入金がなければホステスがそれを肩代わりして支払うという条項は、元々相手方が予め用意している定型的な契約書に記載されている条件であり、この契約書への署名を拒否できるものではなく、特別に入店の際に申立人らの方からお願いして掛け売りを許してもらったのではなく、とにかくどんな客の支払い形態でもよいからノルマを達成しろ、売上を上げろという店の要求に基づくものである。

　したがって、本件入店の際の売掛金連帯保証特約は、相手方が経営者たる地位を不当に利用して、本来経営者として負担すべき売掛金の回収不能の危険を従業員ホステスらに負担させるものである。このような特約は労働契約上の義務の不履行（不完全履行）の場合に労働者が使用者に支払うべきことを定めた金銭（違約金）であり、経営上のリスク（損害）を負担させるものであるから、損害賠償の予定に該当し、労基法１６条、２４条に違反するものであるから無効である。

　特に本件の場合は、この特約によって一方的に利益を得ているのは相手方の方であり、申立人X_1の日当額は４万６０００円と決まっていたものの、売上ノルマを達成できないとどんどん減額されていく仕組みであるし、申立人の利益どころか、実際に様々なペナルティ（罰金）を引かれて、賃金０円の無給状態が７カ月も続いたのであり、まさに奴隷のような労働である。このような特約とその強制は著しく不公正であり法的正義に反し、許されるはずがない。

(二)　厚生費の控除

（１）　相手方は、「厚生費の控除については、以下の費用に充てている」などとして、８項目の費用を挙げているが（答弁書２６頁）、１つの項目を

除き全て虚偽の主張である。これまでの主張もそうであるが、あまりにも酷過ぎる。

　①のミーティング時のホステスの弁当が出されていたということは事実である。

　②業務終了時の食事代など支払われたことなどないし、③のタクシー代の補助などない。④結婚祝いや香典もないし、⑤ホステスのための栄養ドリンクなど購入されていない。ママは飲んでいたようである。⑥は、生理用品は置いてあったが、化粧品などなかった。⑦ドレスの購入費やクリーニング代を出してもらったことなどないし、⑧忘年会や新年会なども開かれたことがない。

　このように、①の弁当代と⑥の生理用品は事実であるが、その他の大部分が厚生費として申立人らに使われたことなどない。にもかかわらず、申立人らが一方的に控除されていた厚生費月額３万円は異常に高すぎる。店がこの費用の徴収によっても儲けていたとしかいいようがない。これは２４条に違反し、違法な天引きであるから無効である。

（２）　そもそも、食事代や終電終了後のタクシー代、冠婚葬祭の費用、ホステス・スタッフのための忘年会・新年会の費用徴収など、まさに普通のサラリーマンと同じ福利厚生費である。相手方が申立人らホステスからこのような費用項目の福利厚生費を徴収していたという事実からしても、申立人らは一般の賃金労働者であり、決して個人事業主（業者）などではないということである。

(三)　その他の相手方の主張について

①　相手方は、これまで申立人Ｘ₁の源泉徴収税を税務署に納付していないことを認めているが（答弁書２７頁ウ）、他の申立人らの源泉徴収税も納付していないものと思われる。（もし、納付しているというのであれば、源泉徴収票と納税証明を求める。）

　従業員労働者の賃金から源泉徴収をしておきながら、納税していないという行為は極めて悪質なものであり、場合によっては国税法違反だけで

なく、業務上横領にも該当することである。相手方はこれによっても儲けていたということである。
② 名刺代金を立て替えていると主張しているが（答弁書２７頁エ）、名刺代金を１００枚３９００円の値段で給与から天引きしていた。しかし、実際には購入費は１００枚１９００円でしかなかったので、２０００円も上乗せしていたということである。

第3章 こんなふうにも使える労働審判の活用事例

I. 労働審判だから活用の工夫ができること

前提として、次のことを押さえておかなければならない。
- 第1回期日は申立日から40日以内（労働審判規則13条）
- 期日は原則として3回以内である（労働審判法15条第2項）
- 期日間の長さの定めはないが、実務経験から言えば、通常は1か月程度と考えられる（ただし事情が求める場合、期日間の長さについて審判委員会は相当柔軟に対応する）。

こうした制度設計と実務の運営の実際から、おおむね労働審判申立後70日程度の日数（約2か月半）で解決が得られている実情がある。

そうすると、労働審判を申立てる立場にあっては、およそ70日後には解決できることを逆算し、その期間を組み入れて労働審判の申立をすることによって紛争解決に決定的な影響をもたらすことができることになる。

もっとも、申立側が内容証明の発送などの通知手段を講じ、あるいは仮処分手続の申立をすることにより、相手方と直ちに和解交渉に入ることが予測される場合もあるだろうし、本訴提起した後、期日を待たず相手方の反応があって解決する場合もあるから、労働審判のみが早期解決の手段だと主張するつもりはない。

しかし、そのような予測が成り立つかどうかが分からない事案の場合、次に紹介するように、労働審判手続はかなり有効だと思われる。

Ⅱ. 事例紹介と検討

○事例1　定年退職を間近に控えた労働者の賃金請求の申立について退職金額の確定を含んだ調停が成立した例（事例一覧157）
［概要］

　申立人は、定年退職まで数か月のところまで精勤してきた某運送会社のある営業所に勤務する労働者である。勤続が長くさまざまな業務に就いてきて、あと1年ほどで定年になるころに、営業職への移動が命じられた。申立人によると、これまで定年前に営業担当に配転されることはなかったようである。

　また営業担当になった途端に基本給が下げられたほか、他の営業担当には支給される手当が支給されていないことを知った。

　そしてそのような折、申立人は中間管理職の立場にいたが、定例の役付会議にも参加が求められなくなるなど、会社（営業所長？）から疎まれているのではないかとの疑念が出てきた。

　現状のまま退職時期を迎えると、この会社の退職金規定では、計算された退職金を裁量的に減額できるような規定になっているので、退職金が相当減額されるのではないか、会社から何かおかしな人間と見られているのではないかというような不安が生じてきた。

　さしあたり請求できる権利として、営業担当に配転されるまでの深夜割増手当（休憩時間は組み込まれているが取ることができない実態）や時間外割増手当が払われていないことが就業規則や勤務表などの資料で立証できる見込みがあったため、この請求権の主張は成り立ちそうであった。

　理由が判然としない基本給の減額回復や支給されるべき賃金支給項目の支払など、形式的には減額賃金の回復請求という形での請求も可能であった。

　ただ申立人にあっては、労働審判にせよ、長年勤務した会社に「弓を引く」ことに関してなかなか覚悟が決められず、決められない間に徐々に深夜手当の請求権が時効により消滅していくことになった。時効中断のために内容証明による催告などの手段はあったが、覚悟が決まらないから、との理由でこのような催告も

できないまま断続的に相談を受けてきた。

　退職まであと3か月を切った時期に、申立人は申立する決断をしたため、急いで請求額の計算確定をするとともに、申立書中に「申立に至る経緯の概要」との項目を起こし、「このまま推移すれば申立人は円満に退職できず退職金の支払も減額されるなどの危惧を強く持つものである。」と書き加えて申立した。

[解決＝調停]

　相手方からは、①管理監督者論、②業務手当によって深夜手当と見合いになっている、③休憩時間が取れるシステムである、との主張が予測できたから、「申立の理由」の「争点」の項目にこれら反論を先取りした主張を展開しておいた。

　予想通り相手方は答弁書にて以上の3つの論点を主張してきたが、審判委員会はほとんどこれら主張を顧慮することなく、第1回期日において申立人及び相手方役員の審尋を試みて、未払い賃金関係についてはほぼ申立の趣旨通りの金額の心証を示した。

　そして退職金額の明確化が必要として、相手方に退職金規定と申立人の退職金計算の文書による提出を求めて第2回期日を指定した。第2回期日で審判委員会は規定通りの退職金計算を確認して、「相手方は、申立人が懲戒事由に該当することなく〇年〇月〇日（定年退職日）に退職した場合に支給される退職金は金〇〇円であることを確認する。」との調停条項、賃金請求の部分については確定的な申立人の勤務条件を勘案した時間外・深夜割増手当の予定金額を計算して「相手方は本件解決金として金〇〇円の支払義務があることを認める」「平成〇年〇月〇日までに発生する深夜割増賃金についても本調停で解決されたことを確認する」との調停条項案を示し、双方合意した。

　なお解決金は、申立人が主張した申立時点での請求額に退職までの予測可能な時間外・深夜割増を加算した金額をベースにした金額である。

[検討]

1. まず審理の過程を敷衍して検討する。

　第一に、深夜手当の請求に対して、管理監督者論はなんら抗弁としての有効性がないにもかかわらず、相手方が敢えて主張したことには奇異の感を持った。こ

れは申立人と審判委員会のほぼ共通の印象であったと思われる（審判官が「こういう主張は困りますね」と目配せするような視線で申立代理人と目が合った）。

　第二に、これに反して相手方取締役の率直な姿勢が印象的であった。申立人の経歴や仕事ぶりに関して何ら作為の感じられない自然な説明をしたのは、労働審判委員会の「権威」の場のお陰というべきかもしれない。

　第1回期日の審尋は「円卓会議」という表現が相応しいものだった。申立人の勤務歴や勤務態度などが自然に明らかになり「ではこの人が定年退職するに当たり、会社はどのように対応すべきか」に向け、審判官・審判員そして双方代理人が真剣に意見交換を行った。

　第2回期日は退職金額の確定という主として退職条件の詰めの目的のため、申立人が定年退職する日よりも前に期日を入れるべく、関係者は日程入れに努力し、無事調停が成立した。

2. 労働審判の最大のメリットである「期間予測ができる」という観点で整理すると次のようになる。

　この審理で、申立の趣旨にかかる争点はほぼ第1回期日で消化された。

　時間外・深夜割増賃金請求の金額部分に関して、勤務割当表で時間把握は十分可能であったし、なによりも管理監督者論は全く妥当しないことで審理は決着がついたからである。

　そこで審判委員会はなによりも「申立に至る経緯の概要」に記載した定年退職の際の円満な処理をすることを労働審判の使命と捉えた。

　もし本事案について訴訟手続を選択としたとするとどうだろうか。

　定年退職日まで3か月を残して提訴しても、訴状受け付け後の実務を前提とすれば本訴第1回期日は定年退職日のやっと1月ほど前に入る。相手方が答弁書の擬制陳述の方向を取るならば、第2回期日は定年退職日を過ぎた日に入ってしまうことにもなりかねない。

　その段階でやっと実質審理に入るのが通例だから、裁判官がいくら退職金の確定に関心を示しても、時すでに遅し、となる。

　裁判官としては、粛々と訴訟進行をして、退職金規定などの証拠資料をもとに

弁論終結して判決を書けば「権利義務関係の確認」を果たしたことにはなる。

　実際問題としては、会社は退職金規定を濫用した上で減額した退職金額として申立人に支払うであろう。そうすると濫用して減額されたかどうかを争点とした減額退職金の範囲での争いの訴訟となるとともに、もともとの深夜割増などの賃金請求自体論争含みだから、審理に時間を要する危険性は払拭できない。

　労働者は、このような形でしか（減額された）退職金を回復する道がないと説明されれば、「そうですか。仕方ありませんね。お願いします」と言うか、「そうですか。では面倒なので諦めます」と放棄することを選ばざるを得ないであろう。「もっと早くに裁判のために相談に来るべきだった」との「後悔」を自らの心に刻んで…。

　この労働審判は、労働者に何の後悔も起こさせなかった。むしろ審判委員会は、申立の趣旨に関する審尋は早々に切り上げ、定年退職日前に解決しようと努力を集中した。解決までの時間と回数が「読める」制度であることの最良の現れだと言っても過言ではないと思われる。

○事例２　困難が予測された自己都合退職について、労働審判手続を利用して円滑に進めたケース（事例一覧１９５）
[概要]
　この事例は、過去に労働審判を申立した他の労働者のために会社資料等を提供したとして代表者からいじめを受けていた労働者（申立人）が、自己都合退職するにあたって相手方代表者から不公正な処理を受けることが予測されたため、損害賠償を軸とする労働審判申立をすることによって退職日を設定し、給与や賞与も精算し退職金も円満に支給される内容の調停を得た事例である。

　ある会社総務部に勤務する申立人は、弁護士に相談するのに遡る約１年前、同じく勤務していた労働者が解雇され、違法解雇を訴えて労働審判により解決した事件があったが、その申立人であった労働者のために資料を提供したと邪推されて、以後代表者から報告が無視されたり、指示を求めても対応されなかったり、長年所属していた担当の仕事が取り上げられて「干される」などのいじめを受け

てきた。また賞与も激減した金額での支給を受けてきた。

　うつ症状も呈するようになり、思い余った申立人は自己都合退職するしかないとの決意を固めて弁護士に相談した。

　ところで、申立人は既にうつ症状を呈していて、有給休暇を使って休みを取りつつ、何とか勤務を続けているという状況である。しかも有給休暇届も無視されて欠勤扱いにされるようになってきた。

　このまま退職すると、退職金に不当な査定なり操作をして減額することが確実に予測されるという。また在職中の業務引き継ぎにいろいろと難癖をつけてくるだろうことも予測された。そうした事々に対応するには、申立人は余りにも気力も体力も失せていた。

　多くの弁護士は「退職の自由があるから退職することの確認を求めるような裁判は無理ではないか」と回答するだろう。弁護士としては、事後措置で回復を図ることが裁判本来の機能だと説明するものだが、労働審判手続を利用することで、なんとか円滑に退職処理ができるのではないかと考えた。

　申立人には、いくつかハラスメントに該当すると思われる代表者の言動などのエピソードを述べてもらった。暴力的な言動はなく、基本的には「モラルハラスメント」や「理詰めの詰問」、「職務上の権限濫用」に該当する言動であった。

　申立の趣旨としては、形式的にはパワハラに基づく損害賠償請求権として労働審判の申立に踏み切った。

　このような申立をした目的は、まず、平穏に自己都合退職の意思表示をすることにある。申立人には「申立をする日を〇月〇日とするので、この日から40日間は頑張りなさい。有給休暇残日数は40日近くあるので、どうしても出社したくなければ有給休暇届出は適式に提出し、そのコピーは必ず取っておくこと」を伝えた。

　申立書には「このような相手方の姿勢により、申立人は労働意欲までもが阻害され、任意退職に追い込まれるような状態にまで至った」と書き込み、退職する条件整備の解決を求める事案である旨を明示した。

[解決＝調停]
　第1回期日において事案の解明のために審尋が実施され、申立人に対する仕事外しの実態や前件の労働審判で示された相手方側の独特の不条理な論法がある程度明らかになったものの、具体的なパワハラ立証のために間をおかず設定された第2回期日において、短時間の磁気媒体の取り調べが実施された。もっともこの媒体に記録された代表者の言動の録音状態が悪かったので、労働審判委員会はその確信を抱くには至らなかった。
　ただこの期日設定は、在職中の申立人が会社宛てに提出すべき書類、レポート等が相手方に届かないことがないように、期日において確認しながら退職手続を進めることに意味があった（退職後の事務引き継ぎを事前に終わらせる）。
　すなわち第1回期日において有給休暇取得を宣言した申立人について、第2回期日において退職の意思表示後に予想される事務の引き継ぎを終わらせることとした期日設定でもあった。
　そして第3回期日には〇日後に申立人が退職することを確認して、次のような内容の調停が成立した。
　まず第1回期日以後の有給休暇取得を認めさせた上で、欠勤扱いとなっていた〇月分給与の訂正と支払、翌月分と翌々月分の給与額の確定と支払、夏季給与額の是正と支払、そして退職金額の確定と支払である。
　往々にして和解後問題となる会社支給品と私物の授受のトラブルを避けるべく労働審判委員会の面前で授受の確認をした。
　申立人は無事労働審判委員会の「監視下」で退職日を迎えて無事退職することが得られた次第である。

[検討]
1. この事例は[事例1]と異なって、ある特定日に向けて解決していったというものではないが、労働者の保有する有給休暇日数や、退職の意思表示の効力発生期間（14日間）などの時間要素を考慮し、申立後40日で第1回期日が入れられること、最大3回の期日が予定されること、平均して70日程度という解決期間の経験値があることを組み込むと、退職を予定する労働者が極力苦痛感を持た

ずに退職できること、労働審判委員会における面前のやりとりを続けることで会社との感情的な接触を避け、無用な混乱を相当程度防止できること、そして事後救済ではなくまさに生起する給与、賞与、退職金をその時点で確定支給させることができたというものである。

2. 内容面でも事後救済となると金額的には調整（妥協？）させられる恐れがあると思われるところ、円単位まで計算の上法定控除もほどこしてきっちり精算させる調停が得られた。

3. ４名の弁護士の座談会で出された意見に基づいてさらに検討する。

・ハラスメントによる損害賠償・慰謝料請求はどうなったのだろうか。

⇒これについては給与、賞与、退職金は満額になったこともあり、また申立の趣旨に立てた損害賠償（慰謝料）請求権に関して第２回期日で不法行為の立証が十分ではなかった事情があったため、調停条項には反映できなかった。

・労働審判手続は、労働組合がやるような職場環境改善のための交渉手続に相当する手段になる、との発想で解決できた事案ではないかと感じた。

⇒このことが実は述べたかったことである。労働審判制度開始の議論を思い起こすと理解され易い。（「はじめに」参照）

　労働審判制度は個別労働関係の解決手続であり、労働審判委員会は労働現場に根差す審判員が２名参加する。

　ここで審判員に期待されるのは労働現場の知識経験を労働審判に生かすことであるが、さらには労働審判委員会の一員として解決を経験することにより蓄えられる解決経験や解決の勘どころ、一言でいえば職場における法の支配なりルール・オブ・ロウの感覚を磨き、そうした知識経験を審判員であるとき、または任期の後でも、それぞれの労働現場に生かすこと、還元することが期待されている、とも考えられる。

　私は、担当する事案について「もし職場に労働組合があり、この案件で会社と交渉して解決するとすればどんな手続の工夫をし、どんな解決の工夫をすることが想定できるか」という観点から労働審判の解決の姿を描いて申立をしようと考えている。

○事例３　同僚のセクハラ被害を告発し懲戒・配転させられた労働者の要望に基づき、セクハラ方針・規定の是正を行ったケース（事例一覧２０８）
［概要］
　相手方人事担当部局にいた申立人Ｘは、同僚女性従業員Ａから上司部長にセクハラを受けている、との相談を受けた。
　申立人はその上司に当たる監査役にＡとともに実情を相談したところ、その監査役は部長の行為はセクハラだと断定し、別の取締役、別の部長などに、当事者のヒアリングに当たらせた。（ただしこのヒアリングは相手方会社規定上のセクハラ委員会ではなく、職制上の関連者からなる会議であった。）
　しかしこのヒアリングでは、「部長は反省しているから」ということであった。部長の異動を求めたＡにとって不本意な結果となったばかりか、逆に相手方はＡを配転する方策を採った。
　申立人は経過と結果の不自然さを指摘して、Ａの了解を受けて心ある社内同僚達にそういう経過と結果を説明したメールを発信した。
　そのことが後日相手方の知るところとなり、Ｘに戒告処分が下され、配置転換となった。（戒告処分の理由は、「社内情報の部外流布」を理由とするもの、配転の理由は「業務上の都合」であった。）
　このように同僚がセクハラ被害を受けていることを問題視した相手方事務部局の申立人が、他の同僚等に事情をメール等で伝えたことが発覚したため、相手方は申立人を戒告処分に附し、かつ配置転換させた事案である。
［解決＝調停］
　申立の趣旨は、①懲戒処分の取り消し、②地位確認（配転無効）、③慰謝料の請求である。
　労働審判では、相手方のセクハラ指針や規定、周知方法等の不備が議論の対象となり、３回目の期日において、相手方は指針の見直しなど規定の整備を図ること、申立人は懲戒処分を認め、相手方は申立人を不利益に扱わないこととする調停が成立した。

[検討]
1. 論点は申立人のこのような行動の正当性である(やや参考にし得る判決はあったが)。次いでは、申立人やAが、なぜ相手方のセクハラ規定に則った手続を取らなかったかということである。

　申立人としては懲戒規定の解釈に問題があることを指摘した。

2. このような事案が果たして労働審判手続で解決可能かどうかは申立時において確信はなかった。ここにいう「解決」を、第一義に申立人の地位回復を求めることであるとするなら、労働審判は個別解決として妥当で当然な手続である。

　問題は、この調停がそうであったように、相手方のセクハラ指針や制度の是正に及ぶことができるかどうかであった。指摘したように、人事部局の担当者である申立人ですら社内セクハラ規定に従った手続でAのセクハラ問題を処理しようとしなかった。

　申立人はまことに正義感が強く、Aを匿名的な位置づけに置いて自らの権利で「闘う」ことで、どこまで社内規定の整備ができるかを希求していた。

　この点については申立に至るまで代理人と申立人と何度も議論を重ねた。詳述は避けるものの、このような地位の申立人にしてなぜAに規定に依拠した社内制度による解決を示唆しなかったか、との疑問があった。

　そこで規定を精査したところ、Aが申告するについて担当相談員の所在が判明していない実態があった。そうするとどのように申告していくかの社内手続が欠落していたので、ある意味ではAが職務上のさらにその上の上司の監査役に判断を仰ぐことになり、またその監査役の指示で取締役と別の部長がセクハラ申告に対応するシステムが取られてしまったことについて手続の違法性を指弾することは困難に見えた。

　次に、申立人の対従業員へのメール発信行為の判断は極めて微妙である。

　懲戒処分を受けるについてヒアリングは実行されていたので、手続違反を理由とした懲戒処分の無効・取り消しの主張は、実際上は困難と見えた。

　ただ、一定範囲の従業員にAに対するセクハラ事情の経過説明をメール発信することを「部外流布」として、これを違反の対象事実としてよいかは争い得る論

点だとは考えたが、配転命令も、特に申立人について私生活上の不利益は想定できず、「業務ローテーションに基づく」と主張されれば配転の合理性を争うこともなかなか難しいのではないか、など申立人と調整を続けた。
3. 審理の進展において、セクハラ規定の整備を求める内容の調停案を策定するに付き、相手方代理人は労働審判の対象である個別紛争解決ではないとして消極的であったが、審判委員会の意向も受けて相手方を説得して方針案の策定や規定の整備をすることを調停条項とすることに合意した。
4. 4名の弁護士の座談会で出された意見に基づいてさらに検討する。
・この事案の解決は、審判官、審判委員会に左右される可能性が強く、一般的に申立可能事案とは言い難いのではないかとも考えられることである。
⇒確かにその通りである。ただ、この会社はある事情から、相手方代理人の表現によると「会社内の諸規定にばらつきがあるため調整・整理をする必要はあると考えていた」とされ、事実上、セクハラ規定が不備であることは認めていた事情があった。

　また、労働審判委員会が労働者に全くシンパシーを感じない構成であったら、申立の趣旨について「申立棄却」の審判が出された可能性は否定できない。

　しかし、「仮に労働組合があったら」と想定し、実際には申立人、A、上司らの姿勢と反応でさまざまな混乱が生じたけれども、会社諸規定の調整・整理という観点で協議すれば、このような規定の見直し・再検討という解決策が得られることは十分見込まれるのではないか。

　問題は、審判官がどうであれ、審判員の構成がどうであれ、事件の解決の筋はこれしかないこと、こういう解決が絶対良いし必要だということを、申立人・代理人でしっかり議論し、何とかして審判委員会を説得して乗り切るべき事案だと確信しておくことが必要である。

　セクハラ規定自体に問題はあったのかなど、通常の紋切り型に検討するとこの程度だと思われがちだが、仔細に考えると、セクハラの被害者は普通女性であるにもかかわらず、それを受け付ける相談担当者あるいは審査する委員会に女性が関与するといった配慮がない。またセクハラ委員会に労働組合なり従業員代表が

入るといった規定もなく、構成は社内の取締役と人事担当の取締役、人事担当者という規定の仕方だった。

なお、加えて相手方には各地に支店も設けられているが、規定上セクハラ被害申告は相手方本社でしか受け付けられないといった問題もあった。

審判委員会は期日のかなりの時間を規定の問題点解明に当てたが、このような調停ができたのには幾つかの条件があった。

相手方は一流企業であり、会社諸規則の不十分はそれなりに自覚があったことが条件の一つであった。また申立人が申立の趣旨に拘らず、今後Aのような被害が起きないようにすることをこの労働審判申立の目的としたことが大きい。このことが影響して、申立代理人が期日においてセクハラ規定の見直しを解決のテーブルとしたい旨強調することに迫力がついたと考えられる。

そして審判委員会が、相手方がその方向に向かうように説得していったことがこの調停解決になった要因だと考えられる。

・セクハラの事実関係究明はされたのか。

⇒申立人XがAから詳細に聞き取りをしており、その後の手続についても細かく記録を残していたこと（これらを申立人の陳述書形式で書証提出した）から、審判委員会は相当程度セクハラ行為があったとの心証に達していたと思われる。

しかしA自身の直接的な証明はなかった。審判官は本当にセクハラを受けたというA直筆の手紙でもないかと示唆したので、それが難しいという事情を説明し、Aが名前を出してやるわけにはいかない事情を書き綴った代理人宛の手紙の封筒だけを示した。

ただし、期日ではセクハラ規定の見直し方向で調整する流れとなり、申立人は申立の趣旨に掲げた解決につき拘らない姿勢であったことと、問題の上司部長が労働審判手続中に定年退職していたことから、セクハラの事実関係を究明すべき事情は後退していった流れがある。

労働審判手続申立書

平成○○年　○月　○日

○○地方裁判所　御中

　　　　　　　　　　申立人代理人弁護士　　　　　　　A

〒

　　　　　　　　　　申　立　人　　　　　　　　　　X

〒○○○ - ○○○○
　　○○県○○市○○区○○
　　　　　　○○法律事務所（送達場所）
　　　　　　電話○○○ - ○○○ - ○○○○　ファックス○○○ - ○○○○
　　　　　　　　　　（担当）申立人代理人弁護士　　A
　　　　　　　　　　　　　　同　　　　　　　　　　B
　　　　　　　　　　　　　　同　　　　　　　　　　C
　　　　　　　　　　　　　　同　　　　　　　　　　D
　　　　　　　　　　　　　　同　　　　　　　　　　E

〒

　　　　　　　　　　相　手　方　　　　　　　　Y株式会社
　　　　　　　　　　代表者代表取締役　　　　　　　F

時間外労働賃金等請求労働審判事件
　　労働審判を求める事項の価額　　金６６９万３０００円
　　ちょう用印紙額　　　　　　　　金　　１万９０００円

第1 申立の趣旨
 1 相手方は申立人に対し、金287万2200円を支払え。
 2 相手方は申立人に対し、付加金として金287万2200円及びこれに対する本件労働審判確定の日の翌日から支払い済みまで年6％の割合による金員を支払え。
 3 相手方は申立人に対し、金71万1450円を支払え。
 4 相手方は申立人に対し、平成○年○月○日以降毎月○日限り金7万9050円ずつを支払え。
 5 労働審判費用は相手方の負担とする。
との審判を求めます。

第2 申立の理由
 1 相手方と申立人、勤務事業所の概要、労働条件など
  ・………………………………………………………………
  ・ 賃金は、毎月15日〆25日支払いとされている。
 2 申立人の相手方における不払い賃金の実態
  （1） ○勤務における深夜時間外労働に対する不払い
     ………………………………………………………………
  （2） ○業務に就いてからの賃金減額ないし不払い
     ………………………………………………………………

第3 予想される争点及び当該争点に関する重要な事実
 1 申立人は管理監督者に該当するか否か？
  ・………………………………………………………………
 2 申立人に対して支給した「○○手当」その他「班長手当」「補佐手当」などは「（深夜）残業代見合い」と言えるか？
  ・………………………………………………………………

3　休憩時間・仮眠時間の労働は存在するか？
・・・・・・・・・・・・・・・・・・・・・・・・・・・・

第4　申立に至る経緯の概要
- 申立人は近々定年退職する時期に至っている。
- 申立人は、長らく○専門に従事してきており、定年を1年ほど前に控えた平成○年○月時期になって○係に職種転換されるなど、相手方社内で不適切な待遇下に置かれているとの思いが強いものである。
- 特に直属の上司である所長の申立人に対する対応が偏向的であり、このまま推移すれば、申立人は円満に退職できず退職金の支払いも減額されるなどの危惧を強く持つのである。（甲○）

第5　結論

附　属　書　類

1　申立書（写し）
2　甲号証（写し）
3　証拠説明書
4　資格証明書
5　訴訟委任状

平成○○年（労）第○○号事件
　　申立人　　X
　　相手方　　（株）Y

補充書面（１）

○○地方裁判所　民事第○部○係　労働審判委員会　御中
　　　　　　　　　　　　　　　　　　　平成○○年　○月　○日
　　　　　　　　　　　　　　　申立人代理人弁護士　　A

本書面の趣旨

1　相手方の答弁書は概要、①申立人は現在雇用関係がない、②求めれば定年後再雇用の協議をする意思はある、③しかし団体交渉中に労働審判の申立をしたことにとまどっている、というものである。

　（なお、賃金切り下げに関する主張に関しては、本書面では指摘せず、労働審判期日において反論する）

2　しかしまず、その①について言えば、

　申立人は平成○年○月○日に定年退職したことになるが、今日現在相手方から退職に伴う処理が全くなされていないようである。

　つまり、離職票も出されていないため、本来の定年退職時から約○か月近くも申立人は雇用保険の請求も出来ない事態に陥っている。

　また、本来定年に達した時から一月後に退職金の半額は支払われるべきところその支給もされていない。（これは賃金減額の有無とは直接関係ないことである。）健康保険証の返還も求められていない。

　つまり、相手方自らが申立人に対する退職措置を講じていない。そして申立人を「兵糧攻め」にしているのである。

3　次にその②③について言えば、

　再雇用の協議自体は申立人も求めるところであり、相手方の指定した○月○

日に本社に赴く予定でいたところ、逆に相手方代表者は言葉を曖昧にし「労働審判があるので」と面会・協議を拒んで協議に至っていないという事実がある。

　労働審判の申立は協議の機会を奪う制度ではないため、逆に申立人が「とまどっている」というのが事実である。

4　なお、本来の答弁書提出期限が守られず、〇月〇日に受領したためさし当たりの事実関係のみに限って本書面を準備した次第である。

第4章 労働審判における手続上の工夫

　労働審判の特色を生かすべく適合的な事案を担当する場合でも、はたして効果的に労働審判手続を使うことができるかどうかが重要となる。

I. 労働審判と土地管轄

　法2条により、労働者の最後に勤務した事業所も労働審判の管轄とされる。労働審判を申立する場合、この事業所が存続していることを要するかどうかについては、当初から日本労働弁護団と裁判所等とで見解の相違が見られた。労働弁護団は存続不用説を主張し、裁判所等は必要説を取った。残念ながら、労働審判の運用においては労働弁護団の主張は採用されていない。

　しかし、もっと残念なことは、リーマン・ショックによりリストラ・派遣切りが横行した時期、事業所自体が閉鎖される事態が出てくると、例えば本社が東京にある地方事業所を拠点としてそこから派遣先に派遣された労働者が派遣元に対して賃金や地位確認などの労働審判申立をしようとする場合、はるかに遠方の東京地裁（これが本来的な土地管轄となる）に管轄があるとされ、そこに申立しなければならなくなった点である。

　このような場合、遠方に出向くことは多くの場合、労働者にとって不利益であろうから、民事訴訟の土地管轄の定め方を活用して（つまり「義務履行地」とする）、当該地方の管轄裁判所に対して本訴、あるいは仮処分手続を提起することを選択することになろう。このようにして労働審判申立を取り下げた事案がある。

　他方、地方の事業所自体は消滅したけれども、それを承継する事業所が別に置かれることもある。その承継事業所が同一管轄地内に存在していれば、消滅前の事業所の管轄裁判所に労働審判の申立をすることができることを留意すべきであ

る。このようにして申立をした事案がある。

　この事案においては、労働者たちは相手方のホームページの動向を注視し、承継移転されたと考えられる別の事業所を探り出して調査するなど、承継事業所の証明に向けて大変な労力と努力を費やしたことは言うまでもない。

Ⅱ. 審判前の保全措置

　法29条が援用する民事調停法12条の定める手続であり、調停または労働審判の内容が実現できなくなる場合において現状凍結の効果をもたらす。

　例えば、解雇事案において解雇理由が明らかに不合理と見え、復職の可能性もあるようなケースで、使用者が新規に従業員募集し、これに応募があるとなれば、解雇された労働者にとって事実上復職が困難となる。このような事情がある場合、この保全措置が適切となる。出されるとすれば、「労働審判手続が終了するまでの間、会社は（解雇された労働者の担当職務と同一の職務について）新規に従業員募集してはならない」という主文になるであろう。

　いくつかの地裁でこの申立があったことは判明している。その一つが新聞等で取り上げられた名古屋地裁の記念すべき第一号労働審判事件（平成18年（労）1号事件）である。この事件において申立人はこの措置を求めたが、審判委員会は保全措置の求めには応答しないまま職場復帰の調停の解決がなされた、と報告されている。

　結果論として、労働審判が短期解決の手続であるために保全措置を出さなくとも解決ができた事例だと言えようが、短期であるからこそ、保全措置の使用者に対する制約・負担もそれほどではないと考えられ、保全措置を命ずることが解決のための生命線となるケースはあるから、常に保全措置を申立する必要はないかを念頭に置いて検討すべきである。

　現在までのところ、私たちの認識し得る範囲においては、この保全措置が発令されたとの情報に接することはできなかった。

Ⅲ. 複数人の申立

1. 複数人による労働審判申立は可能か否か

労働審判を複数人で申立することはできるか、あるいはできないのか。

整理解雇に特徴的であるが、同一時期、同一理由による解雇のような場合、主要な争点は「整理解雇の可否」の点で共通であるのが通常である。

そうすると、当然複数人の併合申立、つまりＡＢＣ３人が併合申立人となってＹ社を相手方とする労働審判申立を構想することになる。この場合、ＡＢＣ３人の申立書は、一つの事件番号（〇〇地方裁判所平成〇〇年（労）〇〇号事件）にて受け付けられることになる。

巻末の事例一覧のうち、１４７、１６３などは併合申立の許容例であり、特に１４７は16名の併合申立事案である。しかるに、各地の労働審判実務にあっては、このような主観的（複数人）併合申立には抑制的な傾向が強まっているとの印象が報告されている（第５章座談会参照）。それはどうしてだろうか。

一つは、併合申立があったときに、１人の申立人については調停で解決したが、他の申立人との関係では調停ができず、労働審判となるような場合、事件番号はどうなるかとの混乱が生ずる、とのもっぱら実務的な疑問から説明されたことがある。しかし、通常の訴訟においてもこのような事態は生ずるものであるから、以上の理屈では併合申立を法律的に制約する理由とはならない。

なによりも旧規則31条１項（これは現在は法29条が準用する非訟事件手続法35条となる。平成23年の法改正により規則23条１項の定めはこのように法の条文によって非訟事件手続法の条文を準用するかたちに移行したため、平成24年の規則改正により削除された）には「労働審判委員会は、手続の分離もしくは併合を命じ、またはその命令を取り消すことができる」との規定があり、その解説として「労働審判手続の申立においては、主観的併合も客観的併合も認められると解される」（例えば『労働審判制度［２版］基本趣旨と法令解説』菅野ほか、弘文堂。199頁以下）とされているのである。

そこで、二つめの説明として、労働審判が原則３回の期日しか実施されないことを根拠にした理屈が行われている。

すなわち、主観的併合申立があったときの1回期日において、申立人Aにかかる主張と証拠についてのみ審理がなされてしまうと、申立人B、C…については1回期日の審理が実施できなかったことになって、結局他の申立人の3回の期日審理の機会を奪ってしまうことになる、との懸念からの主張である。

例えば、申立人Aはある時期におけるY社がなした懲戒解雇の意思表示の無効を主張し、申立人Bは別の時期における普通解雇の意思表示の無効を主張し、申立人Cは時間外割増賃金請求権の主張をする…というような併合申立を想定すると、特に労働審判は3回の期日において基本的には口頭主義による審理がなされる制度であるし、何よりも実務的には1回期日が「天王山の戦い」として実施されていることを念頭に置くと、1回期日が申立人Aの懲戒解雇にまつわる主張と立証に費やされてしまうと申立人B、Cの主張事実は全く解明されず、申立人B、Cにとっては無駄に期日が費やされることになる。

この想定例の場合には主観的併合申立は適切とは言えなくなりそうである。しかし、前記規則により審判委員会は手続の分離を命ずる権限があるのだから、1回期日において手続を分離しB、Cに対してそれぞれ2回期日を指定し実質的にそれを1回期日として充て、例外的な4回目の期日実施を行うことにより実質3回期日による手続が取られようにすることができる。

もっともこの方法はいかにも迂遠であり、B、Cが申立人Aの申立事情のみを審理する1回期日を「指を咥えて」見ている状態を法認するにも等しい不当な印象が残る。

2. 裁判所が主観的併合申立に抑制的な理由

主観的併合申立を、各申立人がバラバラな主張を並列した申立だと観念するとどうしてもこのような窮屈な理屈で3回実施とのバランスを取らざるを得ないものになる。しかし、そんな窮屈な解釈だとしても、労働審判法と規則の規定から十分導き出し得るものであって、併合申立を違法とする立場よりよほど理論的に優れている。いったい裁判所は何を恐れているのだろうか。

そもそも申立人代理人の立場で、紹介したような例の複数申立人の事案を併合

申立するとは考えられない。これがほぼ全てである。

　申立人代理人にあっては当然に、例えば申立人らが同時期に整理解雇された事案であるとか、同一理由に基づく解雇事案、時給が全く同一の労働条件である派遣労働者の派遣切り事案、時間管理が全くなされていない同一事業所の複数労働者の時間外割増請求事案など、主要な争点が共通な事案を併合申立事案だと考えている（はずである）。

　申立人代理人は、整理解雇の4要件の審理は当然に複数人共通の利益であると考えるし、同一理由の解雇、例えば会社資産の横領の共犯容疑の（懲戒）解雇の場合の横領事実の真偽の審理は複数人共通の利益に資するし、時間外時間の把握の仕方として共通する時間資料の共通性なども全員の利益になると思考している。恐らく裁判所とて同様の思考をするであろう。

　こうした共通する争点について審理される一回期日の手続を評して、「他の申立人は黙って指を咥えて見ているだけだ」と評価する審判官がいるとは思えない。以上のような共通争点の位置づけが定まれば、各申立人と相手方事業所との解決展開は、通常の単数申立人の場合と余り異ならないであろう。

　それなのに、なぜ裁判所は主観的併合の労働審判申立を恐れるのだろうか。「恐れる」というよりも、裁判所としては事件件数の確保に関心が強いのかもしれない。3人の併合申立事件が1件とカウントされるより、3件とカウントされることの方が、当然件数確保に資するからである。あるいは「私は3回の労働審判の機会が得られなかった」という申立人の苦情を、本当に恐れているのかもしれない。

3.「1人1件申立主義」との調和を図るために

　ただ、裁判所の内情がどのようなものであったとしても、前記のとおり「裁判所」には併合申立を拒む権限はないのである。「労働審判委員会」に手続の分離併合の権限があるとの規定があるに過ぎない。だから併合要件を満たさない主観的併合申立を「裁判所」は拒むことができるが、併合要件のある申立を拒む権限はないことははっきりしている。まず、このことを正確に理解しておきたい。そ

の上で申立人あるいは代理人が、本当に労働審判の審理に求めていることと、裁判所が実務上強行している「1人1件申立主義」とも称すべき運用との調和を模索するならば、次のようなことが必要だと考えられる。

　申立人代理人が主張する複数申立人に共通な争点について十分な理解が示されるべきことである。そして代理人を信頼して1回期日にてじっくり共通争点の審理をすることである。そのためには仮に1人1件申立主義の運用を行うにしても、審理の矛盾を防ぐために必ず同一労働審判委員会で担当するとともに、同一日時の1回期日を指定することである（実務上「並行審理」と称される）。この運用は恐らく相手方ないしその代理人にとっても、不利益とはならないはずのものである。

　解決結果は、申立人ごとに個別とならざるを得ないのは当然であると思われるが、私の経験から言うならば、むしろ全員まとめた解決が多く得られ、かつ全員だからこそ適切と思われる内容で解決しているのが通常である。

　それは、申立人代理人が申立人らから事件を受任する依頼の構造に由来するが、申立人らは相互に同士的な関係で依頼をするのがほとんどなのである。10人の倒産事業所における従業員全員解雇事案において、審判委員会が10人の解決金配分に関し再就職した者と未就職者とで配分比率に差をつけた提案（未就職者には例えば各給与の3か月相当分、再就職者には各給与の1.5か月相当分、というように）をしようとしたときに、全員が「再就職できた者もできていない者も、会社の犠牲者である点では全く同じなので、同じ配分比率にしてほしい」と述べたことは、審判員にも審判官にも感動的に伝わっている。この事件は全員同じ月数相当分とすることで調停終了した。

4.「事実上の併合申立」の手続上の工夫

　裁判所において、こうした「事実上の併合申立」を許容するのであれば、仔細に亘るが、さらに次のような実務を定着させるべきである。

　第一に、労働審判申立にあたり、添付書類として求める相手方の法人ないし商人であることの資格証明（商業登記簿謄本）については、複数申立人のうちの1

人についてのみ原本提出とし、その余の申立人の申立にかかる申立書はその写し提出で足りるとすること。これは謄本取得にかかる過剰な手数料をセーブするとの合理性にも合致する。

　第二に、書証の援用方式を合理的な範囲で認めることである。例えばＡＢＣ…の複数申立人のうち、全員共通する書証写しをＡの申立書についてのみ添付し、ＢＣ…については「同時申立人Ａの提出にかかる甲１ないし甲○を援用する」との証拠説明によって提出あるものと看做すのである。そうすると仮に甲１から甲３までが共通書証である場合、

　　Ａのみの書証は（甲１ないし甲３）にプラス甲Ａ４ないし甲Ａ○まで
　　Ｂのみの書証は、甲Ｂ４ないし甲Ｂ○まで
　　Ｃのみの書証は、甲Ｃ４ないし甲Ｃ○まで
　　以下Ｄ、Ｅ…

との書証番号により特定して提出することで足りる。

　また、その証拠説明書の記載の工夫を、Ｂを例にとると、

　　甲１　同時申立人Ａの提出にかかる書証番号甲１及びその証拠説明を援用する
　　甲２　前同
　　甲３　前同
　　甲Ｂ４（これ以下の書証番号については通常の証拠説明書の記載と同様に記載する）

　第三に、申立書における「申立の理由」に掲げる主張についても、主張の援用方式を合理的な範囲で認めることである。

　Ｂの申立書の記載は次のようになるであろう。

　　　（整理解雇の違法・無効）

　同時申立人Ａの申立にかかる労働審判申立書の「申立の理由」主張「○」における「整理解雇の違法・無効」の主張をそのまま援用する。

　以上の運用により、全員について共通する証拠資料、及び共通主張部分に要する字数・枚数を大幅に削減させられるし、そのコピーも煩雑かつ無暗に増加させる無駄が省かれるとともに、まさしく併合申立事件としての実質がそのまま表現

される申立となると思われる。

　実際にも、私は何件かの「並行申立」についてこのような方式によって申立をしたし、労働審判も実質併合審理で行われた。10人の派遣切り事案では、AからJまでの10人の残派遣期間の一覧表を申立書別紙として各申立書に添付して申立てた。

　そして、「〇月〇日〇時」の1回労働審判期日として10件の労働審判の1回期日が指定された際、審判官は10件の労働審判記録のうちAの記録のみを手元に置き、他の9件の記録は束ねて脇において審理を開始した。審判員も同様であった。実際の申立書も、Aのみ申立書や書証写しと証拠説明書を併せて15枚ほどの厚さとなったが、B以下の申立に要した枚数は、せいぜい1人について5枚ほどで足りた。

　実際の審理においても、そして調停の進行にあたっても審判官・審判員は各申立書に添付した「派遣残期間一覧表」（別に手控え的にコピーしたもの、と思われる）を常に手元に置いて、そこに何かメモしながら進めていた。

5. 複数の申立人の利益相反への配慮

　しかし第四に、申立人ないし代理人として、裁判所が解決の場面においてまで併合が貫徹できるかについて、疑念を持っているであろうことは理解しておく必要があるだろう。恐らくこれが3つめにして究極の、裁判所をして併合申立を抑制的にしている事情であると想像できるからである。

　それは、特に複数人の申立人代理人に就任する場合、弁護士として利益相反にならないかの問題とも絡む問題ともなる。特に、金銭解決で終了することが予想される場合、代理人としてはこの弁護士倫理との関係で注意を払う必要性が高いものである。

　申立人がユニオンに所属するなど、団体的な規律が存在する場合には、ユニオン委員長が最終配分の決定権を持つことについて、全員の承諾を得ておくことが必要であろう。このような団体的規律がない場合に、私はあらかじめ（もちろん、それを書面に残すことが望ましいのは明らかであるが、各人相互の信頼関係

によっては口頭確認に留まることもある）解決金解決となった場合の各人の配分の考え方について全員の同意を得ている。考え方の例としては次のようなものがある。
　　①解決金総額を各人の給与額の比率で配分する
　　②解決金総額を各人の勤務年数（月数）の比率で配分する
　　③解決金総額を各人の期間雇用残期間の月数の比率で配分する
　　④解決金総額を各人の主張金額の比率で配分するなど
　代理人としては、複数人申立を、併合申立事案であり全面的に解決できる事案であると確信できるために、やはり解決段階についてまで周到に申立人の共通利益性を担保し得るまで、各人間の利益調整の努力を惜しむべきではないのである。
　そこまで確信できれば、胸を張って前記の1から3の方式による申立をし、裁判所に対して堂々と「同一労働審判委員会で担当すべきこと、同一労働審判期日を指定すべきこと（並行審理)」の申し入れを行うべきであろう。

IV. 使用者からの申立

　労働審判の申立をするのは労働者に限らない。使用者側からの申立も十分想定される。現実にはそれほどの件数はないが、どのようなタイプの紛争について使用者側申立があり得るだろうか。

（1）不存在確認のタイプ
　これは解雇された労働者に対し、使用者側から積極的に「（適法に解雇されているから、既に）労働者としての地位にはない」ことを訴える形態である。債務不存在確認という訴訟類型の労働審判版である。
　または、労働者から退職金や残業代割増賃金などの賃金請求がなされる場合に、使用者側からその債務がないことの確認を求める労働審判である。
　使用者側から申立する場合、申立書には解雇の適法性、あるいは退職金や時間外割増賃金請求権のないことの主張が必要である。

単純な解雇事案であれば、「申立人は平成○年○月○日、30日の予告期間を置いて相手方に対して解雇の意思表示をなし、そのときから30日経過した同年□月□日に解雇の効力が生じた」との主張だけで足りそうであるが、申立書には「争点」の摘示と「経緯」の記載も求められるため、どうしても解雇の有効性の主張を記載しなくてはならないこととなる。法理論的には主張責任の分配の議論を避けるわけにはいかないが、3回の期日で解決するとの労働審判実務にあっては、解雇の客観的事実の主張では足りず、解雇無効を主張する労働者側の主張を想定し反駁しておく必要があるため、主張責任の分配の原則は貫徹されないのである。

(2) 金銭請求のタイプ

これについても、退職金請求事案を例にとると、「申立人には退職金規定が存在しない」との主張に加えて、「争点」において相手方（労働者）が退職金を請求する根拠となりうべき主張についての反駁が求められる結果、やはり主張責任の分配原則は貫徹できない。時間外割増請求事案についても、時間外労働はない、との主張だけでは労働審判申立書は完成しない。

原則として3回期日で解決するとの労働審判制度そのものが、解雇法理、退職金・賃金請求法理など労働実体法上の主張責任分配原則を修正していると考えられるのである。

(3) 労働審判委員会の「結論」を待って処分するとの申立の可否

では、もっと踏み込んで、使用者側から労働者に対して配転命令を発令するにつき、例えば「労働審判委員会の調停（または審判）がなされることを条件に配置転換をする」、あるいは「相手方労働者は配置転換に同意する」との申立主文は不可能だろうか。

使用者が有する解雇権や配置転換権については形成権とされ、労働者の同意や承認を要求する法体系が策定されていない以上、権利行使をするにつき労働者の同意を求める地位を使用者に宛がう法理論も労働審判委員会の承認にかからしめる法理論も、ともになかなか構築困難である。

しかし、使用者の観点においても労働者と協議しながら配転等の措置を講じようとすることは有用で、効果的な人事システムであると考えられる。本来、職場に労働組合があり、その労働組合との間でこのような人事協議協定が存在していれば使用者も円満な人事政策が得られるべきものであったろう。使用者が就業規則等で「配転、出向…については従業員の個別同意を求め、同意が得られた場合に、配転、出向…を命ずる」との規定を置くなどすれば、人事権の行使のために労働者の同意を求める労働審判は可能となると思われる。
　このようにして、現状において労働審判手続は使用者側から人事政策を行使するために利用しようとするためには、さして有効な手続ではないようである。

V. 審判申立による裁判中断効について

　法27条によって「労働審判手続の申立があった事件について訴訟が継続するときは、受訴裁判所は、労働審判事件が終了するまで訴訟手続を中止することができる」とされているのは、労働審判手続の次のような特色、つまり「専門家が関与」して「短期間の間に」「自主的な解決＝調停を支援する」との特質を考慮するならば、訴訟手続を進めることなく労働審判手続の推移を見守るのが適切と考えられる場合があるからである。
　実務上、訴訟手続が先行して労働審判手続が後に申立てられる場合に限らず、労働審判手続が先行して訴訟手続が後に提訴される場合も含む。
　ここに言う「事件」とは、法律上「二重起訴の禁止」に触れる関係の事件をいうと考えられる。従って、訴訟手続が先行している場合であって、この条文によって訴訟手続が中断されているときは、労働審判が本訴に移行する事態（労働審判が出されて異議の申立があった場合、法24条によって労働審判が終了した場合）になると、その申立自体が二重起訴の禁止に触れて不適法却下されることになることに注意しておかねばならない。
　整理すると、①労働審判申立した際に、裁判所なり審判官から「二重起訴の禁止に触れるから労働審判申立を却下する」ということはできないが、しかし②「取

り下げてほしい」と要請されることは十分想定できる。

　労働審判で調停が成立する場合には、当然本訴の取り下げが必要となるので、調停条項には、本訴取り下げ条項が付されることになる。

VI. 異議後の訴訟審理について

　一律に論じることは困難ではあるが、異議後の本訴移行を経験した弁護士の感想等によると、異議後の訴訟手続はもともと訴訟提起から開始された事件と比較すれば、相当速やかに進行される傾向があると見られる。一応の審尋が経過されているから、争点も基本的に、あるいはかなりの程度整理されていると考えられるからであろう。

　極端な進行では１回ないし２回弁論期日を経過した段階で証人・本人尋問が入れられ（尋問前後に和解が試みられることが通例であろう）、尋問後ほどなくして「判決言い渡し」という進行も十分想定される。

　当事者としては、労働審判の結果を有利と判断する側が労働審判書を甲一号証なり、乙一号証なりとして証拠提出することとなろう。

　ただし、労働審判手続は民事訴訟の原則である弁論主義が貫かれた手続ではないので、労働審判書が一審訴訟手続において決定的な証拠となると考えるべきではない。おそらく参考程度であろう。

　ただし、裁判官が和解を試みるときには、労働審判書にかなり依拠した水準が提唱されるであろう。経験では、ある未払い給与請求事件で「解決金〇〇万円の支払」とされた労働審判の異議後の訴訟手続で、裁判官から〇〇万円より２割ほど多額の解決金額の提示がされるとともに、相手方資力も勘案して、内金□□万円（〇〇万円よりやや減額された金額）の分割払いと円満支払の後に残額免除という和解案が提示されたことがあった。

　一審において和解で終了せず判決となった場合でも、当然ながら原告勝訴も敗訴もある。控訴審まで進行して、控訴審で労働審判書と同一内容での和解で終了したケースも報告されているし、最終的に敗訴したケースもあると思われる。

第 5 章 座談会

労働審判制度をどう活用するか
― 労働審判は面白い！―

出席者プロフィール
- 後藤 潤一郎（司会）……弁護士・名古屋中央法律事務所（名古屋）
- 伊藤 幹郎…………………弁護士・労働市民法律事務所（横浜）
- 佐々木 亮…………………弁護士・旬報法律事務所（東京）
- 村田 浩治…………………弁護士・堺総合法律事務所（大阪）

■ 審判官、審判員など「人」の問題について

後藤 まず皆さんが実際に担われた事件で、審判官(1)や審判員(2)、相手方代理人、申立をした本人、代理人も含めて、これは問題だというような例、これは分かっていないのではないかというように姿勢について問題があった例、あるいはそれについてどう対処されたかなど、忌憚のないところをお話しいただければ。

佐々木 審判官の問題で言いますと、東京地裁などで特にそうなのかもしれませんが、労働専門部の部長クラスが審判官に入っている審判委員会では、審判員がほとんど活躍していないケースが多くあるように思います。我々の目線からだと、どんな評議をしているかが見えないので何とも言いようがないところもあるのですが、少なくとも審判員の発問を見る限り、若い審判官の下では審判員はよく質問をしているのに対し、どんどん期が上がって裁判長、部長クラスになると審判員はほとんど発言していないという印象があります。最近では、部総括クラスの審判官があえて「何かありませんか」と言っている例も結構見られるようになり、それで質問が出る

（1）**審判官**
労働審判官。労働審判員と共に労働審判事件を処理する労働審判委員会を形成するメンバー。労働審判申立を受理した裁判所が指定した裁判官が労働審判官になり、労働審判手続の指揮を行う。

（2）**審判員**
労働審判員。労働審判委員会のメンバー。中立かつ公正な立場で労働審判手続に関与し、労働関係に関する専門的な知識と経験を活用して、個別労働紛争の解決に当たる。労働審判委員会は労働審判員1名、労働審判員2名の計3名の合議体である。

場合はまだよいのですが、全くそれすらもなくて、審判官が1人で突っ走っている例も見られ、やはり何のための合議体なのかという点において問題ではないかという気がしました。

座談会風景

後藤 私が担当した事件で興味深いと思ったのは、整理解雇(3)の事案だったのですが、それはどう考えても偽物の整理解雇でした。100人くらいの従業員がいて、3人が整理解雇となった。1人はパートで期限切れ、もう1人は定年退職、狙われたのが残りの1人で、成績が悪いということで残せないという理由でした。第1回期日において審判官はほとんどしゃべらなかったのですが、労使の審判員が「整理解雇をするのだったら、そもそも会社の役員クラスの給料はどれだけ下げているのか」（相手方担当者がある数字を述べたところ）「それは足りない。人１人クビ切るのだったら、役員クラスは○％減額しないと整理解雇として認められない」という姿勢で10分20分いろいろと意見したり、「今までどんな整理解雇の手段を取ってきたのか」とか「希望退職募集を行ったのか」と審尋を続け、むしろ審判員のほうが積極的なのでした。最後の頃になって、審判官が「私にもしゃべらせてください」と言い出すほどでした（笑）。つまり、整理解雇だったらどんな会社にも痛みを伴う経験があり、審判員が発言しやすい事件だったこともあると思いますが、審判員が本当に生きた形で労働審判に参加している例でした。何もその経験が100%

（3）整理解雇
経営不振の打開や経営の合理化を進めるために、余剰人員の削減を目的として行う解雇のこと。

客観的で法的に正確なものでなくても、その審判員が持っている知識・経験で「自分の会社が整理解雇をしたときにはこうだった、管理職がこれぐらいしかカットしていないのに何が整理解雇か」、という言い方をされたのですし、私はそれでいいと思います。審判官が法律知識だけで過去の判例からああだこうだと理屈を立てるよりもよっぽど優れている、まさに労働審判だからできたことではないかなと思います。

村田 それはよい例ですね。

後藤 このような事案では、審判員が援助してくれないと、法律論で「整理解雇の4要件」(4)のこれはこれに当たるというようなレベルで整理されてしまうとなかなか届かない。

村田 労働審判ではそういう議論はしなくなっているのではありませんか。4要件で。

後藤 4要件とかそういう話になるとね。やはりその要件がどうのこうのよりも、整理解雇をするためにうちの会社はこれぐらい血を流したのだという体験なり実感、これですよね。労働審判員がそういう形で質問したことが重要で、逆にそういう事案で何も言わないとしたら問題ではないでしょうか。

村田 審判員の実感でやることのよい側面が出た例だと思うのですが、僕の感覚で言うと、悪い側面が出た例としては、申立人が理容業のケースで、休憩時間なのか手待ち時間(5)なのかという議論のときに、労働側の審判員が「その時間は何もしていなかったんだね」みたいなことを質問するということがありました。今の労働時間に関する実感としてはそうなのかもしれないけれど、法律的には少し問題となる感覚、発想かなと思います。ですから、審判員の常識が悪く出てくるケースもあるのではないかと。そういう感覚も大事だけれど、労働法の基本的な観点を把握してもらわないと、特に労

（4）**整理解雇の4要件**
従来の裁判例では、整理解雇が正当と認められるためには、次の4つの要件を満たしていることが必要とされている。①人員削減の必要性があること、②解雇を回避するための努力が尽くされていること、③解雇される者の選定基準及び選定が合理的であること、④事前に説明、協議義務が尽くされていること。

（5）**手待ち時間**
実際に仕事はしていないが、指示が出されたら直ちに仕事に取り掛からなければならない状態のことで労働時間にあたる。

働側の審判員の場合は困ると感じた例でした。そこは代理人のほうが気をつけないといけないですから、即座に「労働時間の定義にそった質問をしてください」と遮りましたが……。

伊藤 審判員の問題でいえば、私も２つ３つ例があります。一番ひどかったのは、労働側の審判員が「普通、課長クラスでは時間外手当はつきませんよね」と言ったのです。そのケースは名ばかりの課長でしかも小さな規模の会社の労働審判をやっているわけですよ。それなのに、「普通、課長クラスには残業手当はつかない」などと言うのです。即座に反論しなかったのはこちらの落ち度かもしれませんが、相手方のいるところでそういうことを言ったものだから、当然のことながら、相手側も強気になるわけです。それで和解できなくなる雰囲気になり、結局24条決定(6)になってしまった。その審判員は大企業の労働組合出身であることが後からわかったのですが、東芝・日産あたりの課長クラスの感覚でものを言っているのです。たしかにそれくらいのクラスなら残業手当が出ない可能性も十分あるし、悪意で言ったのではないかもしれない。おそらく独り言みたいに言ったんだろうけど、やはり審判員の資質が問われる。そんなことがありました。

　もう一つはやはり残業の問題で、これは相手方がいないときで被害はなかったのですが、申立人は港湾関係の荷物の運送をやっている会社に雇われていてクビになった。でも、ク

伊藤幹郎弁護士

（６）**24条決定**
申立人の人数が多かったり、事案が複雑で３回の期日以内に労働審判を出すことが出来ないなどの場合に、結論を出すことなく労働審判を終了させること（労働審判法24条）。

ビになったことは争わず、残業手当についてのみ争っていたのです。その争っている中で、審判官があまり残業手当を認めたくないような雰囲気があったケースですが、審判員がこういうことを言ったのです。「今、港湾関係は不景気だ。あなたのようなケースで残業手当を払わなければならないと認めたら経営者は大変ですよね」と。それを経営側の委員ではなく、労働側の委員が言うのです。これは非常にけしからんと思って、私はその場で抗議をしました。残業時間に争いがあったり、単価について争いがあるというならまだしも、そのようなことを発言してもらっては困る、時間外手当の請求は労働者の権利ではないかということを言った。後でその審判員は謝ってきましたが。

三つめは、横浜の中堅タクシー会社です。60歳までは正社員で、60歳から嘱託、65歳以後は定時社員という制度になっており、申立人たちはこの定時社員という身分でした。更新時が69歳と70歳と71歳、そのときの契約書には「今回で終わり」ということがわざわざ書いてあったんです。しかし、その営業所では人手が足りなくて、休車している車がいっぱいあった。だから所長は「これで終わりと書いてあるだけで、実際わが営業所には73歳まで働いている人がいるから大丈夫だ、心配するな」と言っていた。

ところが、この更新から3か月後くらいに、70歳以上はもう更新しませんという方針を、突然会社が社長名で出したのです。そういうものが出たので心配になった申立人が組合の委員長に本当にそうなるのかと聞いてもらったところ、その営業所長は「73歳まで働いている人もいるから大丈夫。とくに3人のうちの2人は必要な人だから働いてもらう」ということを言っていたので、当然更新されると思っていたと

ころ、次の更新で全員打ち切りになってしまった。しかし、少なくとも所長が大丈夫だと言っていたわけで、当然更新に対する期待があり、労働審判に出したわけです。本訴(7)でいったら、明文があるので非常に難しい事例だと思います。「これで終わり」と言葉でちゃんと書いてあるわけですから。

　このときの審判官は他部から応援に来た人なんですよ。若いエリートみたいな感じの審判官で、1回目から「これは契約書に書いてあるからダメ」という文書主義です。契約書に書いてあるからこそ、本訴で争わないで、適当な金額で解決してもらえばいいと、願わくばもう1回だけ更新してもらうか、更新できなくても6か月に近い解決金(8)を出してもらえればいいと思って出したのですが、この審判官は端(はな)からダメということで臨んできたわけです。最終の3回目になったとき、実は事前に「もう6か月は無理だから、ギリギリ3か月でまとめようよ」ということで申立人たちを説得していたのです。申立人が事前に労組の委員長を通じて聞いてもらったところによると、所長との雑談では3か月ぐらいという話をしていたというので、3なら通ると思っていました。それなので、「こちらはギリギリ3で妥協しますから、それを会社側の方に伝えてくれ」と審判委員会で言ったのです。

　ところが、審判官も審判員も全く受け付けてくれない。「じゃあ、聞いてみましょう」と言うのではなく、全然相手にもしてくれない。最後に何を言ったかと言えば、「2か月であれば聞いてあげてもいい」みたいなことを言うのです。労働審判に出して2か月などという調停はもらったこともないし、3か月というのはギリギリの最低ラインで、所長も雑談でそんなものだと言っていたと聞いているので、ちゃんと向こうに伝えてもらえればそれでまとまる可能性は十分ある

（7）**本訴**
通常の民事訴訟のこと。

（8）**解決金**
慰謝料とは異なり、互いに歩み寄り、和解という形で解決するために支払われるお金のこと。

と思っていたのに、審判委員会が取り次がないわけです。その挙句、「2なら話してもいい」というので、いくらなんでもこちらも意地があるから、「2はダメです」と言ったら申立棄却です。私は棄却されたのは、東京地裁1件とこの横浜の1件だけなんですけどね。本当に頭にきました。取り次ぐだけ取り次いで、「3だと言っているからそのぐらいでまとめたらどうですか」と説得したけどダメでしたというのなら、それは仕方ないですよ。話のわからない会社だと思って、それはこちらも諦めるのですが、取り次ぎもしないというのは、いくらなんでもひどいと思いましたね。

村田 相手方に聞きもしないというのは、ちょっと信じがたいですね。審判委員会が先に案を出してしまって、それ以上はもう出せないみたいな対応は時々ありますけれど。

伊藤 審判官だけでなく、労働側の審判員もけしからんと思います。なぜ本人達がこういうことを言っているのに、委員会で「相手方に言いましょうよ」と言わないのか。

村田 ここは全く審判委員会が機能していない感じですね。

伊藤 審判官が自信に満ちているから、労働側の審判員もそんなものかと思ったんでしょうね。後から聞いたら、この審判員は連合の地区労の専従事務局長をやっているという人だったから、事情がわからないわけじゃないんですよ。大企業労組の親分ではない。それなのに、こういうときに審判官に対しておかしいと言えない。

村田 それはやはり法的に無理だというのが頭にあるんでしょうね。契約書があって更新しないというのに強く縛られている感じがします。ここはもうちょっと労働者的常識を発揮してほしい場面ですよね。

■申立時の留意点について

後藤 労働審判にどのような準備をして臨むのか、その辺りについて、伊藤先生いかがでしょうか。

伊藤 要するに、申立時の留意点ですね。まず、申立前に解雇通知書を確認して、解雇理由を明確にします。理由が明白でないものについては、配達証明（内容証明）付郵便で、使用者に解雇理由を具体的に明示するよう求めます。これは労基法22条でも開示しなければならないことになっていますから、私は必ずやるべきだと思っています。ときどき、1週間以内に開示しろといっても来ない場合があります。来なければ来ないで、さらに深追いはしません。来ないということ自体が、相手にとっては不利益になりますからね。解雇理由をきちんと説明しないというのは解雇理由がないのと同じことですから、来ない場合はすぐに労働審判に出してしまうということです。解雇理由が来た場合は、必ず反論します。原則的には、反論した上で、「正当な理由がないから撤回しなさい。もし撤回しなければ労働審判の申立をしますよ」と書きます。そういうふうに書くと、撤回してくるのがたまにありますし、「では、話し合いにしましょう」となって話し合いで解決することもあります。

後藤 深追いするかどうかという点ですが、どれくらい具体化を求めるかは善し悪しで、代理人名義で解雇理由を求めると、相手は構えて逆に時間をとって代理人の方から周到な理由書を書いてきたりすることがあると指摘されています（『季刊労働者の権利』294号8頁）。私の場合は、解雇理由だけ求めて、出来るだけ早く労働審判の申立をします。それぞれのやり方だと思いますが。

村田 解雇時期との兼ね合いもありますけれどね。解雇直後

(9) 陳述書
申立人やその関係者の言い分をまとめた書面のこと（本人が署名押印をしたもの）。申立書のように提出を義務づけられてはいないが、弁護士が代理人となる場合には、申立人の陳述書も用意するのが望ましい。

だったら、ある程度反論して、向こうも頭を冷やして撤回するということもあり得るかもしれないけれど、時間が何か月も経過していたり、組合が散々交渉してきた挙句に、というケースもありますからね。

伊藤 私の場合、労働審判に関しては、組合が介入しないケースが多いので、その辺りのところはあまり頭にありませんでした。確かに、組合が入って交渉していれば一応の理由は言うわけですから、そういう場合は配達証明は出さないということになると思います。

村田 これは不意打ちというか、何の理由も示されていない解雇で、こちらも予期しないような理由がバアッと出てきたりすると困るから、あらかじめ求めるということですね。

伊藤 ええ。大体その通りですけれど、解雇理由が非常に抽象的で、「協調性がない」とか「就業規則第何条違反」などと書かれていた場合に、それでは正当な理由になりませんよと。就業規則第何条に「成績が著しく良くない」と書かれているが、その具体的な中身を明らかにしなさいと。必ずそこは先にやっておいて後からバンバン出させないようにする。審判になってから、あれもある、これもあるというようなことをさせないために、できるだけ出させてしまうということです。

後藤先生が言うように、代理人が入ってきて、構えた理由書を出してくるというリスクがないわけではないけれど、それはそれで、弁護士が書いてきたものだから、もうこれで終わりだろう、後から付け足すことは信義則に反することになるということで、そこはやっておくべきだと私は思います。

そして次に、解雇に至る経緯と解雇理由とその反論を、申立人と共同して陳述書(9)にまとめます。私は解雇に至る経

緯に関しては、依頼が来たらすぐ本人にやらせます。それから解雇理由も、その時にはっきりしていることについては、それを含めた報告書を作らせます。解雇理由がはっきりしない場合は、先程の手続を踏んで、先方が示した解雇理由に対してこういう事実はないとか、これは誇張だとかいうような反論を書いたものを陳述書として完成させます。ここまでできていれば、申立書のほうも大方は完成です。陳述書の「ですます調」を「である調」に変えればいいわけですから。

■陳述書について

後藤 陳述書をどうするかを少し議論しましょう。
　私は最近はよほどの事件でなければ陳述書は提出しません。ただ、審判の根底にある事実関係が述べられているので、作成することが望ましいとは思います。

伊藤 私は必ず出していますし、横浜地裁と弁護士会との意見交換では、陳述書を必ず出してくれと言われます。だから、横浜の弁護士は出すのが当たり前だと思っていると思いますよ。

後藤 ただ私は申立書を「ですます調」に変えたような陳述書であれば、要らないような気もしますが。

佐々木 東京地裁でもそう言われています。陳述書を書く余力があるんだったら、申立書の中に書けと言われます。裁判官が同じことを2回読むのは苦痛だと言っていたので、「陳述書に書くことと、申立書で書くことでは意味が違うのではないですか」と尋ねたら、裁判官は申立人の感覚というか、その時の気持ちとかも申立書に書いてしまっていいと、陳述書ではなく申立書に書いてしまっていいと言っていました。

後藤 こう言われて腹が立ったとか、そういうふうなことも

137

(10) **答弁書**
労働審判申立書に反論する相手方が作成すべき書面のこと。労働審判の場合は、原則として第1回期日までに相手方の言い分を全て書面で述べなければならない。一般的には第1回期日の1週間から10日程度前に提出するように裁判所から定められている。

申立書に書いてしまえということですよね。

佐々木 そういうことです。東京地裁の運用の一つとして、証拠を審判員に送らないんですよね。だから結局、陳述書も読み切れないのです。それだったら、絶対に審判員の手に渡る申立書に書いた方がいいということなのだと思います。

村田 証拠は審判員には読ませないんですか。

佐々木 東京地裁では証拠は審判員がわざわざ裁判所に来て閲覧するんです。

村田 まめに来る人だったらいいけど、そうでない人のほうが多い。

後藤 名古屋の場合、書証は審判員用のファイルに綴るという方式になっています。裁判所の記録とは別に自分用のファイルがあるから、裁判所に行けばいつでも見られるわけです。

村田 申立書は送られるんですか。それならばそこに入れるのが合理的ですね。

佐々木 東京地裁では、名古屋のように審判員用の証拠もないようです。

後藤 東京では審判員用の書証提出が困難という実情があるようです。名古屋では提出が認められて先ほどのような書証綴りになっているのですが、裁判所が陳述書と申立書が同じものと考えているとすれば、陳述書作成で余分な手間を取るぐらいなら申立書に全部書いてくださいという傾向になります。これは東京と全く一緒ですね。京都地裁は他の書証とは扱いが違って陳述書は申立書・答弁書(10)と同様に審判員に送ると聞いています。

伊藤 横浜地裁も陳述書を審判員に送るんですよ。

村田 大阪はあまり厳密ではないような気がします。陳述書を出さなくても申立書に書いていたら、あとは審判で聞くと

いうことかもしれません。私は必ず作りますが、かならず陳述書をつくれとは言わない。
後藤 名古屋、東京になると陳述書は要らないという傾向ははっきりしていますね。
佐々木 むしろ出さないでくれというような雰囲気ですよね。
伊藤 それは事件が多いからでしょう。
佐々木 読むのが大変なんでしょうね。
伊藤 しかしどうなのかな。やっぱり陳述書は感情を込めてワアーッと書くでしょう。たとえば訴状にはあまり書かないじゃないですか。申立書と訴状は全く違うにしても、何となくそこまで書いてしまうと「余事記載」(11)ではないけれど、申立書にしまりがなくなってしまうのでないかと。
村田 何となく労働委員会の感覚に近いような気がしますね。組合が書くときは主張も立証も一緒くたに書きますもんね。そこは書面に盛り込んでもらったほうがいいと委員は言っていますね。だからそういう意味では、審判員もずっとそこにいて裁判官みたいにいつでも記録を見られる状態ではないから、できるだけ書面にまとめてくれというのと同じ発想かもしれない。申立書に全部盛り込んで欲しいと。
伊藤 私のほうは基本的に申立書の下書きに使うわけですから、申立書には陳述書の中味はほとんど盛り込んであるんですよ。
後藤 どうも対応する裁判所の姿勢によって、代理人の対応もずれるようだということですね。
村田 訴状よりはもうちょっと微に入り細に入り、審判員が一読して分かるように書いたほうがいいかもしれませんね。
後藤 審判員の方がよく言われるのですが、時系列できちっと説明して欲しいということです。時間を行ったり来たりす

(11) **余事記載**
当事者の提出した文書の中で、予断を生じさせる等、裁判所にとって不要であるもの。審理の対象にしないと宣言する場合に用いられる。

るようになると訳がわからなくなるというのが一つ。だから申立書でも陳述書でも、時系列できちっと整理してあるのが必要だろうと思います。もう一つは、陳述書を読むと感情的に流されるというか、なるほどなぁと共感する、そういう魅力はあるわけですよね。そういう意味では、陳述書は確かに読むのにわかりやすいんだけど、陳述書がなくても、申立書に時系列表をきちっとつくってもらうと一番ありがたいというようなことです。

佐々木 時系列表はだいたいつけますね。単純な事案にはつけないですけど、ある程度入り組んでいるような事案は最後のページに時系列表をザアーッとつけて、初めのほうに時系列表があるので後ろを見てくださいというようなことを書いておくと、審判員にもわかりやすいかなと思います。

村田 複雑で長い事案についてはそういう工夫がいる、訴状と違って法的な主張以外のものも盛り込んだほうがいいと。たぶん結論的にはそういうことなんでしょうね。

■代理人の心構えについて

後藤 ここまでは申立時の留意事項、注意事項でしたが、代理人の心構えについてはいかがでしょう。

伊藤 申立の趣旨は大胆・強気でいくべきだと。そして、必ずしも職場に戻るつもりがなくても地位確認(12)で行く、初めから慰謝料等の金銭請求では多くは望めないことを知るべしと。これは私の経験的なものです。

後藤 解雇撤回が出される可能性（危険性）とのバランスもあると思います。解雇されてすぐに就職した人がいて、私がその事実を迂闊にもよく確認せず地位確認で申立を進めたら、相手が解雇撤回してきて困ったというケースがありまし

---

(12) 地位確認
権利・義務や、法律関係の存在・不存在を争う「確認の訴え」の一つ。主に民事裁判で争われ、原告の法律的地位について確認する。例えば、会社から解雇された従業員が解雇事由を不当と考える場合、従業員としての地位の確認を求めて訴えることができる。同時に解雇時からの賃金支払いを求めるのが普通なので、認められれば解雇は無効となり未払い賃金の支払い命令が出される。

た。もちろん撤回と言っても本当は戻す気がないのは明らかでしょう。しかし「解雇撤回だ。出てこい」などと言って、出てこないと、そのことを理由にまた解雇するつもりでしょうね。そこまでは行きませんでしたが、知り得た事例報告からは、解雇撤回を受けて戻すときに従来の地位に戻せるかどうか、従来の賃金になるかどうかというところでもめて、ユニオンが入って団体交渉をやって、最後は労働審判でようやく決着が着いたといったケースもあるようですね。

村田 それは理論的には地位確認ではないですね。損害賠償、慰謝料の請求の際に、日本の法制度や裁判所の理論上、バックペイ(13)以外の金銭請求はそれほど多額ではないですよね。

伊藤 少額ですね。

村田 私も基本的には地位確認で進めるのですが、まず申立人を説得します。辞めたくても地位確認はしなければならないのだと。日本の裁判制度はそうなっているのだと。

伊藤 私もちゃんと説得しますが、「もし戻って来いと言われたら、どうしましょう」と申立人が言うので、自分の経験から言って、戻るなら原職で、賃金は下げないと要求すべきだと。実際には、解雇した後、もうすでに他の人が入っているから、原職にはたいてい戻せないのですよ。原職ではないポストを提案されたら、原職以外は戻れませんと、解雇撤回であれば原職復帰が当然なんだから、原職はもうないけれど戻って来いと言うのはおかしいではないか、それは戻れませんと主張すればいい。

村田 だから、解雇を撤回する危険性もあるんですけど、逆に地位確認でなければ損害賠償はほとんど認められない可能性もあるわけですよね。つまり、次に就職してしまったら、経済的損害はないわけで、慰謝料としては１か月か２か月仕

(13) **バックペイ**
審判委員会が労働者の解雇を不当と認めた場合、使用者が支払う復帰時までの賃金。

事がなくなった、あるいは悔しい思いをしたという程度だったら、30万とか40万とかという話になりますよね。つまり、地位確認を言わないことによって、金銭解決の水準がすごく低くなってしまうという危険性との兼ね合いをどうするか。

　10年ほど前だったでしょうか、労働法の学者の間でも、日本の解雇無効の制度はドグマであり、不法行為としてという慰謝料請求を認めてもいいのではないかという議論があり、それで裁判をやったこともあるのですが、やはり解雇無効だったら戻るという、そこはちょっと無理する必要があるのかなという感じはします。解雇撤回を言わないのは、むしろ労働者側の戻らないという意思表明になってしまいますから。なので、本人が戻りたくないと言っても、基本的には説得しているんですけど。

伊藤　私もそう言っている。

後藤　労働者というのは、働くからこそ労働者なのです。私も今まで損害賠償型ではあまりやっていないのですが、今回のように、ご丁寧に答弁書で、「申立の趣旨第1項は認める」とやられて驚いたのと、現実に戻れたら戻るべきなのですが、前よりもいい条件で働いているような場合ですとなかなか戻れないわけです。金額は少なくてもいいから損害賠償だけで見切ってしまうケースというのもあり得るのではないかと思います。

村田　でも、スッと就職して前よりも高い給料もらっている人に損害賠償が認められるだろうか。

佐々木　地位確認でやったとしても就労意思の点で疑問を持たれてしまいますよね。こっちで仕事する意思ないでしょうって。本当に僅かながらの慰謝料でもいいから求める、ケリをつけるためにやるかということですね。その人にとって

の経済的な損失は、再就職で前の会社よりもいい、もしくは同等のところに行った時点で、やっぱりないんですよね。後は精神的に面白くなかったというところを埋め合わせると、理屈はそれしかないですよね。そうすると、慰謝料は本当に少ないし、下手をするとゼロということもあり得る、ということも納得の上で慰謝料でよいかということになりますね。

村田 聞かれたら、いやあ、就職はしてるけど、戻りますって（笑）。

佐々木 いつでも戻りますと言ってくれと（笑）。

伊藤 いっぺん解雇したような人間をほとんどの企業は戻したくないよ。

佐々木 ただ、使用者側の弁護士と話しても、厳しい条件を出したら戻せって会社に指導している弁護士もいるようで、労働者が嫌がるのをわかって、そういう指導をするそうですね。だから、逆にこちらとしては、戻すよ、いいんだな？っていう話をしなければならない。組合に加入させた上で戻す。

伊藤 原職でなければダメだということを強く言うんですよ。そしたら戻せないですよ。

佐々木 ここらへんは古くて新しい問題というか。昔は組合が結構ガッチリやっているから、戻すなどということを安易に言ってくる会社はなかったんですよね。

村田 個人でやることはない。だいたい組合がついてきているから戻さない。

伊藤 いやあ、戻すって言ったら万々歳じゃないの、大勝利だって言うことになるわけだから。

佐々木 ですよね。今はだから、そういう意味ではちょっとねじれてきた。

後藤 ねじれているね。昔もあったのかも知れないと思いま

143

すが、まだまだ労働組合の力が強い中で、解雇撤回論が我々の目から抜け落ちていただけなのかもしれない。
村田 中小企業だったら、たいがいの人はもう戻りたくないと言いますよ、昔からそれは。

それで解雇撤回されたら、もどればいい。目的は達成する。それから自分でやめるならやめればいい。駆け引きはしない。
後藤 こういう個別紛争に光が当たってきたから、使用者側が戦術的に出してきているという流れなのでしょう。そうすると、やはり、伊藤先生の仰る通り、地位確認でいくということですね。
伊藤 私はこれは譲るつもりはないですね。

■ 申立書のボリュウム

伊藤 それから、申立の理由として、「解雇の正当事由」がないことを書くのは当たり前ですけど、その他に「解雇手続の不当・不正」を強調すること、これも重要です。従来、こちらの手続はあまり重視していなかったのですが、最近これを強調するようになったら、審判委員会の心証がこちらに傾く傾向が強いような気がしているのです。いま、結構乱暴な解雇が多いでしょう。解雇事由が正当かどうかということは、大まかには審判員も分かるかもしれませんが、労働者にも問題があるような微妙な事件になると、正当事由があるかないか、審判員はなかなか判断がつかない場合があると思うんですよ。しかし、中小企業などに多いのですが、あまりにもやり方が乱暴で、本人から事由も聞かず、とにかくもう間髪入れずにクビだとやるような場合もあると思うんですね。そのような解雇手続の不当・不正を強調すると、使用者側の審判員が、そういう解雇の仕方はちょっとひどいんじゃないのと

なって、労働者側に多少配慮した和解ができるということで、これは必要じゃないかと思います。

村田 たしかに職業裁判官と審判員を比べたときに、そういうところに反応するのが審判員かと。今お聞きしてそうかなあという感じはしますね。

佐々木 やってみようと思いました。

伊藤 これは審判員対策として重要だということがだんだんわかってきました。

村田 和解や調停をやるときの説得材料になりますね。

伊藤 会社の言い分も解雇事由についてはたしかにそうかもしれないけれど、このやり方はちょっとひどいのではないかと。だったらそれ相応のお金を出してまとめなさいと審判員は言いやすいわけです。

　それからこれも審判員対策ですが、申立書をわかりやすく丁寧に書くということ、これは当然のことを書いただけの話ですが、あまり法律用語を散りばめたような申立書ではダメだという意味です。

村田 肝に銘じないといけない。

後藤 審判員の方との意見交換では、申立書が10頁以上あるとか、添付書類がついて数十頁にもなるような申立書だと正直言って骨が折れる。だから読んで理解できる限界の枚数ということもあるのではと思うのです。伊藤先生が言われるようにわかりやすく丁寧に書いたのでも、合理的な枚数に収まると労働審判でもうまい解決ができる。逆に、数十頁を超えていくと、労働審判でも紛糾するような気がするんです。

伊藤 わかりやすく丁寧に書いたからといって長くなることはない。

後藤 だから、頭を使った上でなおかつ合理的枚数に収まら

ないとすると、ちょっと事件のサイズとして、労働審判向きではないのかもしれない。

伊藤 私もほとんどは5～6頁ですね。

後藤 なんだかんだいって収まるのではないでしょうか。私は多量の枚数を書いていると、頭の中には収まりきらなくなってきてしまいます。争点と法的な争い、有力な証拠、言い分、相手方の反論つぶしをやってもなんとかできるのではないでしょうか。

佐々木 昔、内定取消の時にけっこう長い申立書を書いたんですけど、短くするのは大変だなぁと思っています。これでも私は書面は短いほうなんです。他の弁護士と一緒にやっている事件を見ても、書面が短く収まる事件は勝ち筋ですよね。短くても十分言い切れるわけですからね。だからそういう意味では、できるだけ分量が多くなりすぎないように収められるような頭の使い方というのが大事なのかという気はすごくしますし、納得はするのですが、ただ実際問題としてなかなか難しいですね。

後藤 私自身はやはり合理的な枚数を越えてしまうと労働審判でまとめるのにしんどい事件になるような印象があるというように、私自身の事件の振り分けをしているという意味です。頭の中で考えていて、一通りこういう事件として暗唱してでも言える範囲というのはある程度の枚数に収められる気がします。

伊藤 ページ数を言うより、わかりやすく簡潔にと。審判員には簡潔のほうがいいに決まっているんですよ。

佐々木 勝ち筋の整理解雇事件は短くすみましたね。やはり勝てる事件というのは、気づかないうちに短くなっていますよね。考えてみると、説明をたくさんしなくてはならない事

件というのは、やはり厳しい事件ですものね。だから、簡潔にというのは大事ですね。ページ数なんて気にしないでいつも作っていたのですが、振り返ってみると、なるほどそうだと思いました。

伊藤 私もページ数は気にしていなかったね。

後藤 ちょっと気にしてみるとよいかもしれませんね。

佐々木 ちょっと意識してみます。実は、数十ページという申立書もあるのですが、それは審判員に証拠がいかないので、結構証拠を中に入れてしまっているんですね。

伊藤 私は、申立時に証拠を全部出せと言っているんだけど、後藤先生はどうですか。

後藤 申立時にもちろん極力全部出しますけど、これも審判員のことを考えると、できるだけベストエビデンスを心がけています。間接証拠(14)となるようなものは出さなくてもいいような気がしますね。でも、それも必要な事件もあるので、本当に事案によります。あくまで私の経験として私が担当した事件では、申立書が5〜6頁で証拠が5、6点という事件が割と普通なのではないかと思います。

村田 審判員が読むことを意識して証拠は選択しましょう、ぐらいですかね。

佐々木 東京地裁では証拠をたくさん出されると困るというような言い方をするときがありますね。ある裁判官は証拠説明書(15)を充実させてくれと強調してますね。たしかに、証拠をダアーッと出して説明が不十分というのはよくないですね。

(14) **間接証拠**
証明の対象となる事実（主要事実）の存否を推認させる事実（間接事実）を証明する証拠のこと。

(15) **証拠証明書**
証拠の立証趣旨等を明らかにするための書面。訴訟で証拠を提出する際に、併せて提出することが義務づけられている。

■ 証拠説明書をどう活用するか

後藤 証拠説明書の充実が一番いいかもしれませんね。

佐々木 そこを一番強調していましたね。だって、それが言いたいから出しているんでしょうというような感じで、そこで説明できていないようだったら、それ以外は時間がないから見れませんよと。

後藤 だとすると、証拠説明書も申立書、答弁書と同時に審判員に送ってくれるといいんですけどね。名古屋地裁との打ち合わせの場でもよく問題にするのですが、裁判所は証拠説明書は「証拠」に分類されるのだと言うんですよ。だから、証拠説明書は審判員には送られず、先ほどからお話しているような書証綴にファイルされることになる。主張書面ではないわけです。

佐々木 私がたまにやるのは、大事かなと思ったら、別紙・証拠説明書として、申立書に添付しちゃいますね。だから、二重につくることになるのですが、審判員の人にどんな証拠があるのかを想像してもらうにはそれしかないかなと。

村田 それはやった方がいいでしょうね。

佐々木 毎回やるわけではないんですけどね。大事そうだなと思ったら。

村田 審判員は丁寧に証拠を見ないという前提でつくっておく。

後藤 佐々木先生は20何ページもかけて、証拠の引用をしながら申立書を書いているわけだから、ある意味、それ自体がもう証拠説明書を兼ねているんだよね。

佐々木 そういうことになりますね。裁判官はコンパクトにまとめているのが欲しいらしいので。

後藤 欲しがりますね。申立書には「こうこうこうである」(甲

1号証)と書いてさらに証拠説明書も出します。そういうことだったら、審判員にも送ってくれと思うのですが、(証拠説明書は)証拠のファイルだから送らないとなります。そうすると、佐々木先生のように、証拠説明書も申立書に添付してやろうかなという気になってくる。

伊藤 私は証拠説明書をあまり重視していなかったけど。

後藤 審判員の方も割と証拠説明書を見ながら進めていますね。

伊藤 これはいい指摘でした。

■第1回審判期日にあたって

伊藤 私は、労働審判は「第1回審判期日が勝負」だと、初めからずっと皆さんに言っているんだけど、そのためにやることは、相手方に答弁書を1週間前には提出させること。出ない場合は裁判所から催促してもらうこと。これは非常に重要なことです。以前はひどかったけれど、最近は1週間前に出るようになりましたね。出ない場合、私はすぐに裁判所に電話をします。以前は裁判所にもいろいろな事情もあるだろうと思って、すぐに裁判所に催促してくれとは言わなかったけれど、今は1日過ぎたらすぐに電話します。そうすると、裁判所が言うので、答弁書が出るんです。だったら、なんで言われる前に出さないかと頭にくるんですけど(笑)。これが1週間前ではなくても、4、5日あればその内容を本人に見せて打合せをし、その反論の補充書を当日までに必ず提出します。

非常に簡単な事件は別ですが、解雇事件というのは、もうほとんど向こうはああだこうだと言ってきます、主張を。どうして解雇したかという理由をあることないこと書いてきま

すから、それに対する反論は必ず書かないといけないと思っています。その答弁書に対して、当初は一応、原則として、認否、反論をいちいちやっていたんですよ。それはそれで今でもやっているのですが、最近この補充書の冒頭に、事案の本質を簡潔に指摘するようにしています。「はじめに」という項目をつくって、半ページぐらいで、会社はこんなことを言っているけれど、この解雇事件の本質はこういうことであると。そこの部分は簡潔に書いてあるから、審判官も審判員もスッと入ってくるというわけです。そうすると、第1回目の期日から、かなりこちらの方に心証を持って臨んでくれますね。

「はじめに」を書かないと、ただ否認する、認める、認めるけれどこうだ、というような細々した反論になってしまう。それを出したところで、審判員はいちいち元の文書と照合しながら読まないのではないかと思うのです。ただし、そういった反論もやっていかないと審判官にはよろしくないということで、一応きちっと審判官用には認否をするのですが、この事件はこうなんだと、ごちゃごちゃ言っているけど本質はこうなんだと、一番最初に植え付けてしまうわけです。そうすると、第1回はスムーズにいくようになりましたね。補充書をまとめる一番最後に普通はまとめを書く場合があるじゃない。そのまとめで書くところをはじめに入れてしまうわけです。冒頭に事案の本質（エッセンス）を簡潔に指摘することで、こちらに有利な印象をとってしまう。こちらに引っ張り込んでしまうのです。

後藤 私も、たとえば相手が答弁書を書いてきて、さらに陳述書をいっぱい出してきたりすると、こうやって陳述書で人格攻撃をしなければならないはどこの人を疎ましく思ってい

る、つまりいじめの事件だというふうに書いて、これがこの事件の本質であるというのを出します。Ａ４１枚ぐらいで端的に事件の本質や骨格を紹介する補充書面を用意することが多いです。簡潔に書かないと、審判員は審判の30分ぐらい前にきて審判官と事前協議するタイミングで読み切るのに時間がないでしょう。

村田 どれだけ同僚に嫌われているのかと思いますものね。

後藤 だから、同僚に嫌われる人だと描くために会社が仕向けて陳述書をでっち上げている事件だと書く。たとえば、この人はやっぱりちょっと見ていても会社で浮いているだろうなという、お定まりの会社から何十通も陳述書が出てくるようなケースだとすると、会社側でその陳述書も同じワープロで作られているという、会社側が全員を束ねてやったのでは証拠価値がない、このようにしてまでこの人を異常な人格に仕立てあげるような環境があって、この会社が彼、彼女を追い込んだ事件であるというふうに書きますよね。そういうような陳述書がいっぱい出たような場合は。

　それから、まったく予期しない解雇理由を言ってきたような場合だと、もともと当初の解雇理由ではこれしか言っていない、にもかかわらず、労働審判の申立をしたら答弁書でこれだけの事柄を膨らませてきた、このこと自体が「絵空事」だと、端的にかつ簡略に書かざるを得ないですね。

伊藤 それから、労働審判は1回目から調停が始まることが多いので、そのための心構えを作っておくことも大事ですね。細かいところまでの詰めではなくて、大まかなところはやっぱり1回目からくるぞということで対処しておいたほうがいいということです。

後藤 そう思います。事案や審判官によって事情は違うもの

の、いきなり第1回目で和解ということも実例として経験しております。だから、第1回目がいきなりクライマックスだという心構えは必要だし、私はもう骨身に沁みてこのことは分かっています。

伊藤　他の人はどうなの、1回目がクライマックスになっている今？

村田　だいたい2回目。

佐々木　本格的な調停は2回目が多いですね。

後藤　普通は1回目で調停も口火を切っておいて、2回目までに考えてきてくださいというパターンなんだけど、それを1回目でやってしまう。「今解決を考えなさい」って。代理人と実務担当者が参加した期日で、急転直下、和解提案が出される場合に審判官から「代表者の携帯電話にこの場から連絡して確認してください」と代理人に求めることもあります。もっとも、金銭請求事案だったり、解雇事案で金銭解決する場合ですが。

■地位確認事案で金銭解決をはかるタイミング

村田　でも、審判をやるケースって、本人が辞めたいと思っているかどうかが一つの大きな分かれ目で、だいたい打診としては金銭解決がありなのかどうかと聞いてきますよ。

後藤　ほとんどそれでしょう。

村田　それに「あります」と答えるかぐらいは当然決めていますからね。

伊藤　その場合は、解決金はいくらぐらい考えていますかってだいたい聞くよね。そこであからさまに言ってしまうか、あるいはもったいぶって、本当は戻りたいんだけど、考えさせてくれというかだね。

村田 私は労働審判ではあんまりもったいぶらないですね。本人が迷っている時もありますけどね、実際。戻ってもいいかなと思っている人が。

伊藤 はっきりさせる場合、たしかに第1回目から金額を言ってもいいと思いますね。そうすると、審判委員会は相手方に宿題を出しますからね。こういっていますから考えてきてくれと。それもないと、たしかに2回目は擦り合わせになるから。

村田 むしろ審判委員会には提案させないほうがいいですよね。審判委員会の提案になっちゃうと、どうしてもそれ以上とは言いにくくなっていくから。こっちからもう金額を出したほうがいいかなと。

伊藤 こちらの要求が先ですね。

■解決金の水準について

後藤 解決金の水準や立て方について、我々はどのような感覚をもっているんでしょうか。あるいは、労働審判独自のルールで運用しているのかどうか。その辺りについて、佐々木先生いかがでしょうか。

佐々木 もともと労働審判が始まった頃は、通常の訴訟もしくは仮処分での和解と、労働審判の調停の解決金の水準というのはそれほど離れていなかったという印象なんです。ところが、労働審判が何年も続いて、最初に労働審判を担当していた裁判官も入れ替わっていくにつれて、だんだんと低くなりつつあるんじゃないかと

佐々木亮弁護士

いう感覚はあります。とはいっても、実際の自分が解決した水準を見ると、そこまであからさまに減ったとまでは言えないのかもしれないけれど、このようなことを裁判官が明言しています。以前、弁護士会でシンポジウムをやったときも、ある裁判官が「労働審判は解決が早いから期間も短く、当然そのバックペイ分も短くなるわけだから、解決水準は普通の訴訟よりも低くなります」というような発言をしていました。

それは最初の話と違うのではないか、労働審判発足当初はそういうことはとくに気にしないで、同じような解決がこんなに短くできるというところにこそ売りがあったのではないかというふうに思っていたんですけど、どうも裁判官の感覚が、労働審判発足当初から世代交代して、ずいぶん変わってきてしまったように思います。

その責任は一体どこにあるのかというと、裁判官にだけあるのではなく、おそらく申立てる側の弁護士が我々のような弁護士であれば、この訴訟ではこれぐらいという感覚があるので「これは低いでしょう」とか言えたはずなのですが、労働審判ができてそれならやれるという弁護士が安易に低いところで妥協している可能性もあるのではないかと思います。

我々が普通に金額を言うと、新しく来たばかりの裁判官は驚くんですよね。「そんなにですか！」みたいなことを言うので、「そんなにじゃありませんよ。何を言っているんですか！」となって、最初のハレーションがそこで起きるわけですけど（笑）。そう思うと、他の基準が見えないのでなんとも言えないのですが、ちょっと低いのではないかという気はしますね。

後藤 一般的に言って解雇ですよね。伊藤先生、私はある意味では中間世代だし、いわゆる過去賃プラス将来分(16)とい

---

(16) **過去賃プラス将来分**
過去賃とはバックペイのこと。将来分というのは、判決時以降、本来ならば復職することになるが、復職を求めず退職することとしてその代償として支払われるべき金銭をいう。

う解決ですよね。この将来分が1年とか2年とかいうふうに、労弁（労働弁護士）の先輩から聞いてきたわけですが、それは違うのですか。

伊藤　あなたはそう聞いていたんですか。それは本訴のこと？

後藤　本訴です。労働審判になったら、いわゆる期間が早いので、過去賃部分が減縮されてしまうのはわかるのですよ。でも次に、将来分を1年分とか2年分とか言うと、「そんなもの、とてもとても」というふうになっていくのはなぜなのでしょうか。私が先輩たちから伝えられてきた感覚からいくと、労働審判だと、解雇の場合、最大で1年ぐらい、どうしてその辺りになっているのかは、実は不消化なのですが。

伊藤　結論から言うと、あなたが言ったように、だいたい最大1年ぐらいというのが一般的だね。例外はあるけどね。私の基準はまずバックペイは必ず全額、「こんなの当然でしょ」という言い方をするんですよ。解雇が向こうが黒に近い場合、灰色でもいいのですが、とにかくそういう場合は解雇撤回を要求して、バックペイを全額払うのが当たり前だと。問題はそこからどれだけ積み足すか。これが一番難しい。なんとか最低3か月、できたら生活保障分として6か月。初めから6か月と言ったらそこに到達しないから、だいたい6か月にプラスして、もうちょっと高めに、だいたい8〜10か月くらいの要求をするんですよ。それで、6か月になればいいと。もちろんバックペイは別にして。トータルで1年は越えないという感じで私はやっていますね。もっとも1か月の賃金があまりにも低いのと、あまりにも高いのがあるから、単純に何か月分ということで言うわけにはいかないけれど、今言っているのは原則です。

後藤 「過去賃は必ず」というのを、村田先生はどう思われますか。

村田 こちらからの提案で言えば、バックペイは全額というのを基本にしていますね。解雇の有効・無効の明白性にも多少関わるのですが、明白な事案であれば、「バックペイは当然」というのはそれほど違和感なく受け入れられていると思います。つい先だっての労働審判では、バックペイプラス6か月で、「まあまあそんなものですかね」というのが審判委員会全体の受け止め方でした。その事案は組合が入って少しごちゃごちゃしていたのですが、結果としてはバックペイが1年に6か月という解決案で、それほど違和感なく審判委員会も相手方に打診したということなので、事案にもよるとは思いますが、それほど無茶苦茶に低くなっているという印象はないですね。ただやはり一般的に労働事件を専門にやっていない人の話を聞くと、使用者側の方の言い分を踏まえて足して2で割るような提案がされているという印象はあるので、そこはもう少しきちっと水準はこんなものだというのを議論していく必要があるのかなとは思いますね。

伊藤 各地で水準は多少違いますから、情報交換したほうがいいと思いますよ。最近私は労働側の審判員の人から聞いたんですけど、審判委員会ではこの事案ではこの程度（例えば6か月分）で押さえましょうと。しかし初めからこちらが言うわけにいかないから、申立人の弁護士にどのくらい要求しますかと聞いたんだって。そうしたら、審判委員会の水準より低かったというわけ。でも、それを低すぎるんじゃないかということは言えないというのです。それで、弁護士の先生方も、もうちょっと何とかなりませんかと。そういう低く言う弁護士は、多分労働弁護団の人ではないと思うんだけどね。

村田　賃金の低いパート労働者のケースで、月額5万くらいの人で300万という例もありますから。ほぼ解雇、雇止め(17)自体無効だという前提で。

佐々木　慰謝料みたいなものも入っているんでしょう。

村田　入っています。

後藤　他に、残業代請求は入っていませんか？

村田　いや、残業代とかは全く入っていません。何せ5時間しか働いてない方なので。だから会社の規模などにもよりますけれど。その人は復帰の意思がものすごく強かったのですが、職場の人間関係などの理由で雇止めがあったという経過もあって、再就職のための生活保障的な部分も入った審判ですね。双方異議を出さないで終わったという事案です。ですから、あまり水準に囚われない方がいいのかもしれません。

後藤　セオリーからいくと、過去賃プラス将来分でどうするかはいいのだけれど、本訴の時のように将来分で1年2年っていうのはなかなか難しいですね。過去賃というのは、私の場合ほぼ解雇されてすぐに申立しているもので、バックペイ自体が1、2か月というのが多い。それで解決金が1年分ぐらいなので、過去賃を考えずに6か月とか、10か月とか、12か月で考えていたのですが、過去賃もちゃんと言っておかなければならないですね。

村田　バックペイはやはり前提かなと思いますね。それはおかしくないので。

伊藤　私も前提だと思います。審判委員会でもそれはほぼ前提だと思います。問題はプラスアルファをどうしますかということで、低くされちゃうわけですよ。

後藤　本訴の場合の和解で、いわゆる将来分というのは、私が労弁の先輩から習ってきたのは、「2年とか2年半とか頑

(17)　**雇止め**
期間の定めのある雇用契約において、雇用期間が満了したときに使用者が契約を更新せずに、労働者を辞めさせること。

張れ」とか言われてきたのですが、今はどこらへんぐらいで……。

伊藤 私は最近本訴でほとんどやったことないから。私がかつて華々しく集団的労使関係でやっていた頃は、そんな将来分とか何とか分じゃないですよ、解決金は何百万という。

後藤 労働組合などでやっておられましたからね。

伊藤 ほとんど集団的労使関係は労働組合ないし争議団でやりましたから、将来分なんて考えたことないですよ。バックペイはまず前提にして、それで解決金はいくらと、何百万単位ですよ。よほど小さな争議でない限りは。

後藤 佐々木先生は何か基準になるようなものはありますか。

佐々木 僕らは、解雇は完全に無効だというのなら、当然まずバックペイは、となりますよね。ただ、労働審判の場合、先ほどお話にもあったように、バックペイ分だけだと少ないじゃないですか。なので、そこに加えてどのくらいかという時に、例えば解雇されて3か月4か月の場合でも、「丸ごと含めて1年分払え」くらいのことを最初に言います。そうすると、審判官の方から「まあ、そうおっしゃると思いました」とか言われて（笑）、「全く解雇は無効だと思うけれど、そちらにも非がないわけじゃないでしょう」みたいな感じで少しずつ削られていくという感じでしょうか。

確かにひどい懲戒解雇のときなどは1年越えて払わせるときもあり、最近でも17、18か月というのを出させたことがありますから、結局は事案によるのかもしれません。聞いた話では、ある裁判官が、6か月が目安だと言ったらしいのですが、それではいくらなんでも安過ぎます。実際、東京地裁は全体として他の地域に比べてちょっと安いんじゃないかな

という気がしているのですが。

村田 あまり職場復帰にこだわらない人からすれば多少の金額でももらえれば解決してもいいという気になるので、本人の要求水準自体も、申立件数が増えれば、金銭解決が目的の人も増えるので、少額でも調停に応じる人の割合が増え解決金の水準は下がる傾向になるのかもしれませんね。

佐々木 審判になると異議が出て訴訟になることを避けたい人も結構いるので、そうすると1年間裁判やるよりはここで20万、30万、50万妥協してもいいやという感覚で、下がってきている可能性もありますね。

伊藤 さっきバックペイプラス解決金が最低でも3～6か月が標準なんだという言い方をしましたよね。だけど、それはあくまでもこちらの思惑であって、解決金の出し方は「こうですよ」というふうに定型化することはできないじゃない。白か灰色かでケースごとに違う。だから、私はまずその人の年齢を重視します。年齢によっては再就職できない可能性が非常に高いので、年齢が高ければそれなり解決金の金額は高く。それから勤続年数。これは大きいと思いますよ。これだけ長く一生懸命働いて「何だこれは」ということは言えると思う。それから賃金の高さ。月10万の人と何十万も取っている人とでは話が違ってくる。もし月5万、10万の人なら当然6か月なんて言っていられない。初めから1年ですよ。ですから、私は年齢と勤続年数と賃金高で一応基準を設けて提案するわけ。ただ3とか6とか言っているわけではないのです。

村田 では、灰色か白かというのはあんまり気にされない。

伊藤 気にしますよ。気にしますけど、客観的な基準みたいなことにはならないじゃないの。個別の中ではそれは一番大

きいですよ。やはり我々が見ても、この人自身に問題があるなという人はいるわけよ、当然。本人はなかなか納得しない場合が多いんだけれど（笑）。

村田 解雇に至った経緯とか、原因はあなたのこういうところにもあるねというような話をされると、本人も多少考え直して金銭要求も少し下げようかなとか。

伊藤 そうなるでしょうね。端的にこれ灰色じゃないですかとか、難しいんじゃないですかという言われ方はします。そういう場合、こちらもある程度分かっていた場合は、当然要求金額は下がりますね。でも年齢と勤続年数と賃金高が客観的な基準ですから、まずそれを考慮しますね。

■労働審判にふさわしい事案とは

後藤 次に労働審判の活用法についてですが、実は団体事件、利益紛争、就業規則など多人数に適用されるような事件、労災や残業代などの事件は、当初から労働審判には不適切な事案だと考えられていたようなのですが、実際にはどうでしょうか。これについて何か経験なさったようなことはございますか。

伊藤 たとえばいっぺんに5人解雇されたりしたような団体事件なら馴染むと私は思っていますけれど、そうでない団体事件もあるでしょう。どういう例を出したらいいかな。

後藤 言われているのは不利益取り扱いだとか、断交拒否だとか、組合が当事者になるような事件ですね。

伊藤 就業規則を改訂して全部不利益取り扱いするような場合ね。そういう団体事件は、まず私は労働審判でやるのは困難というか、それよりも大勢の事件は本訴でやるべきではないかと思っています。でも基本的にそうでない限り、労働審

判ではなんだってできるというのが、私の持論なんですよ。団体事件でも個別に切り離して審理できるような事案であれば、私はやっていいと思っています。解雇事件で団体事件に近いのは整理解雇でしょう。整理解雇だって解雇事件であれば私は労働審判でやっていますね。ただ何十人の整理解雇はやったことはない。

後藤 10人の派遣切りと10人の全員解雇、3人4人の全員解雇はやりました。16人のボーナス請求もやりました。このケースは労働組合員16人、会社と団交で労働協約を結んであって、その協定で「当面ボーナス支給については遠慮する、つまり組合員も協力する。ただし何年後のいつからは元のボーナスを払う」との内容でした。

　法的にはその協定の有効期間が切れているかどうかの問題がありましたが、ある時期のボーナスについて個別の請求権で、協約で請求権が労働契約の内容になっているという理論を立てて申立しました。16人の事案を一つの事件番号で完璧に単純併合してやってくれたのですけれど、審判手続自体は協約の有効期限についての疑問を払拭させられず、審判官から「審判を出せば棄却になります」と言われて取り下げました。（その後、組合は会社と団体交渉して何ほどかは取って妥結したようです。）

　このように個別に分解すればできる事案は労働審判でやっていいと思いますし、できると思うのです。

伊藤 10人解雇はどうしたの。

後藤 10人解雇は10個事件番号がつきました。

伊藤 解雇理由はそれぞれ違うんですか。

後藤 いや全員一緒、会社閉鎖です。たまたま同じ人数となった10人の派遣切りについては、案の定相手方の会社側が「事

(18)（主観的）併合申立
同一企業に勤務する複数の労働者が一斉解雇されたことの違法を訴えて申立をする場合など、一括処理が相当と考えられる場合に、複数人が共同申立人になって労働審判の申立をすることをいう。最近の裁判所はこの申立を認めない方向にあるといわれる。ただし労働審判委員会は当事者の便宜を考慮して、事案に応じて複数の申立を併合したり、並行して審理するなどの工夫もしている。

案複雑」などを理由に24条終了を上申してきました。そのときに担当した審判官は「1人3回できるから10人で30回。どんな裁判官だって30回も期日があったら判決が出せる」と言って24条論を蹴飛ばしました（笑）。

使用者が常套手段のように使う「24条終了」の主張を、主観的併合申立(18)を認めない実務の理屈で打ち破ったのは皮肉な印象ですけれど。

派遣でそれぞれ3か月から6か月ぐらいまで残っている人がいたのですけれど、全員ひっくるめてトータルで○○万円、10人の給与額で割ると2から3か月分ぐらいでした。相手の会社が倒産まではいかないけれど、かなり赤字で大変だという事情のため、10人まとめてそれだけの金額を出させるというところまで審判委員会もがんばって調停で終わりました。

村田 大量解雇事件はありますね。10人ぐらいとか6人ぐらいとかって、人数はあまり考えずに。

後藤 1個ずつ分けるか、併合して一つの事件番号でやるのかは地域によって差があるみたいですね。

村田 大阪などでは、とりあえず原則は個別なんだと言われたけれども、やりとりをやって押し込んで一つの事件になったこともありますから。

伊藤 事件番号も一つなんだね。

村田 事件番号も一つです。

伊藤 最近はまずないね。そうしてくれない。

村田 審判官によったり、裁判所で決めていたりとか、そんなことを聞きましたけどね。それぞれで言い分に対応するような可能性もあるじゃないかと。そのときは横領したので共犯として大量に解雇されたという普通の事案でしたけどね。

伊藤 東京地裁も同じだと思うけれど。必ず1人1件ですよね。

佐々木 最近、東京でも厳格にそのように言うようになりました。ここ数年の話だと思うのですが。この前、2人を共同申立人として一つの申立をしたら、裁判所から「申立書を2つ作れ」と言われました。昔は、事情を聴かれて説明して納得してもらえば問題なかったので、「昔からこれでやって受け付けてもらっていますよ」と言ったら、書記官が「でも、こういう取扱いで」と言うので、少し論争になりましたが、何とか受け付けてくれましたけど。あれだけしつこく言っているということは、今はもう完全に1人1事件でやっているんだと思います。

伊藤 それは最高裁の指導じゃないかな。

後藤 以前に東京の先生たちと意見交換したときに、東京では申立てる側が10人を一つの申立書で申立したら1件で受け付けるし、1人で10個やっても受け付けると言っていましたが。

佐々木 昔はそうだったんです。ここ1年はわざわざ紙が配られて、1人1事件として申立てて下さい、一緒にやってほしい場合は、その理由を書いた上申書をつけて下さいという指導書まで。

村田 家事審判[19]でも2人は事件番号2つつくけど、1個の手続でやりますよね。そうはならないんですか。番号だけつければいいわけですよね。

　なぜ別の申立にしなければならないのかというのはありますね。理解できかねます。

伊藤 併合していっぺんにやるわけだから、それは同じだと思いますけれど。

(19) **家事審判**
裁判の一種で、家庭に関する事件について家庭裁判所が行う決定のこと。

村田 十何人になればそれこそ大変ですもんね。一つの手続でやらせるべきだと思うんですけどね。

伊藤 私どもの要求でそう言っているんだけれど、頑として横浜地裁の誰も「いいです」とは言わない。

村田 私は今のところ何とか1本でやっていますね。

佐々木 これは非常に形式的な話で、こちらが2部用意するかもしくは向こうが1部で我慢するかというレベルの話なんでしょうけど、番号を1人1個つけるというのは広まりそうですね。東京地裁でもすごく厳しくなったし、もしかしたら全国的にそういう指導があるのではないかという気がしましたね。

後藤 なので、昔の3千件と今の3千件は実は違うのだという話は聞いたことがあります。昔の3千件は実質4千件の事件だったかもしれない。今の3千件はピュアな3千件。そうすると逆に申立人数は減っているのかもしれません。統計資料は事件番号の数字で出しますからね。

■ 残業代や労災事件は不適切事案なのか

後藤 残業代が不適切事案と思われていること自体驚かれるかもしれませんが、労災も一緒なのです。責任原因が争われる事件は難しいと言われています。ただし、責任は認められていて賠償範囲を決めるのであればよいのですが、その全部が争われると3回では難しいというので、類型として労災と残業代が出ているわけです。また、残業代に関連して言えば、労働審判の中でも解雇されると「解雇無効」と「残業代」そして「慰謝料」という3点セットの申立がなされることも多いようです。

そこで、残業代などで何かこういう工夫があるとか、解決

がこういうふうだったとかいうのはないでしょうか。まず、残業代請求をしたところ労働審判が出され、その審判で付加金[20]がつくことは絶対ないですよね。
伊藤 ない。
後藤 申立するときに付加金なしだと諦めて申立するというより仕方ないのですかねぇ。
伊藤 私は申立書には付加金をちゃんと付けてありますよ。
村田 初期の段階では、付加金を付けて出すと取り下げろと言われましたけど、最近は付けて出しても何も言われなくなりました。
後藤 厳密に言うと、それに付加金の分の印紙代[21]を取るか取らないかという細かい問題があります。
伊藤 名古屋は取るの。
後藤 取ります。
村田 大阪も取ります。
後藤 東京は取らない。付帯請求[22]だと言うんですよね、東京は。
佐々木 東京や横浜は取らない。
伊藤 取られないから、当然付けるわけ、私も。付けるのは当たり前だと思って。
佐々木 印紙代を取られるとちょっとシビアな話になりますね。倍になるんですもんね。
村田 金額によりますけどね。
佐々木 我々は取られないから金額を気にせずつけていますけどね。
後藤 印紙代というレベルもありますが、そもそもなぜ労働審判では付加金をつけられないのかと。もともと労働弁護団の議論から出ている問題ですが、ここはもう趨勢として裁判

(20) **付加金**
使用者に対する制裁金としての性質を持つお金のこと。労基法114条に定められているが、実務では「裁判所が‥命ずることができる」との規定であることを理由として、「労働審判委員会」では支払いを命ずることができないとの方向とされる。

(21) **印紙代**
裁判手続を利用する際に裁判所に納付する手数料のうち、申立手数料の額は、民事訴訟費用等に関する法律で決められており、収入印紙で訴状や申立書に貼付して納付することになっている。

(22) **付帯請求**
主たる請求があり、それに付随してされる請求のこと。例えば賃金請求と利息を請求するような場合、この利息分の請求を付帯(附帯)請求という。

所を崩せなさそうですね。

　本論に戻って残業代事件が「不適切」とされる意味合いに関して言えば、たとえば「管理監督者」などの抗弁が出されると3回期日では審理ができない、との理由も考えられそうですが、いかがですか？

　私自身は、マクドナルド事件の東京地裁判決以後は管理監督者だという抗弁を出してくる使用者側はほとんど負け筋覚悟で出しているのだろうなと感じています。労働審判委員会も、今やこの抗弁は通るわけがない、という姿勢で臨んでいるのではないかと感じます。そうすると、こんな抗弁ならば3回で十分審理できるということになりますね。

伊藤　管理監督者かどうかということは、3回の期日だけでわかりますよ。相手方は管理監督者であることを立証しなければならない。これ非常に難しいですからね。労働審判に十分馴染むと思いますよ。

村田　これを不適切事案というのは、逆に労働者の権利が損なわれるという発想もあるんでしょうか。労災などで言うと、ある程度の金額で解決しようなんていうことをすべきではないとか。

後藤　そこで何らかの審判を出しても、争われる時間が限定的なので結局異議が出て、審判の3回の期日が無駄になるということを強調しますね。

伊藤　例外的にまとまるものもあるんだから、そういう理屈は通らない。私も労災事件で経験があるのですが、かなり争いがある事件でも審判官は出してくれましたよ、何千万と。だけど当然、それは異議が出るから本訴になる。そうだとしても無駄ではなかったと思いますよ。3回の期日の中で証拠を出して、責任を認められて範囲もわかっているわけだか

ら。業務起因性その他については本裁判での判断になりますけど。労働審判でも業務起因性について一応判断したからこそ、何千万もの審判を出したわけだから、馴染まないとは全く思わない。

村田 不適切という言い方であって、申立できないというわけじゃない。

後藤 そうです。でも、例えば賃上げとか利益紛争はもともと申立てられないという類型になっています。

村田 権利義務というのに当たらないからですね。

後藤 そうです。ただ個別労使間の権利義務を細かく分解していくと権利義務ではないと言い切れるかどうか、けっこう曖昧になってくる事案もあるように思われます。

佐々木 差別問題はどうでしょう。慰謝料請求となりますが。

後藤 差別もなかなか難しいでしょう。大量観察方式に拠らないと判断できないようなことになるととても及ばないのですが、結局これも不適切であって却下されるという意味ではない。個別の関係でいきます。

村田 差別是正を求める申立も多くの人が多数申立するようになれば、差別禁止の意識が職場にも労働者に当たり前になるようになるかもしれないですね。ちょっとした差別とか明白な差別とかそういう類のものは。不適切だからといって回避する理由はないような気がしますね。

伊藤 就業規則を改悪して10％切り下げになった事例なんだけれど、こういうのも不適切と言うんですか。

後藤 3回でできないという意味だと思います。

伊藤 そういうことなら不適切といえば不適切だよね。会社が必ず合理性ということを言い出しますから。そうすると24条移行されてしまう可能性もある。

(23) **調停**
話し合いによる解決。もし調停がまとまらなければ、事案の実情に応じた解決をするための判断（労働審判）が行われ、労働審判に対する異議申立があれば、訴訟に移行する。

佐々木 できなくはないんでしょうけれど、実際にやれた例というのはあまり聞かないですね。就業規則の不利益変更で合理性のところまで審査して調停が成立したとして、個別に成立しても意味がないですもんね。

後藤 ただ、賃金規定の減額で会社は労働組合との間で協定を結んだのだけど、申立人の4人は別の労働組合にいたので、その減額の効果は及ばないというので、減額無効の労働審判申立をしたというのがありました。法律上当然に及びませんから、向こうも合理性の主張は一切しなかった。だから、審判官も審判ですぐそのままの金額で減額無効というのを出しますよと言った。ただし、1人定年退職の人がいたので、それと合わせてちょっと審判の解決時期をずらした分だけ多少妥協しましたけど、そういうのならいいわけですよね。やはり基本的には24条になるかどうかというのが一つの分水嶺。もう一つは、個別の労働事件であるかどうか、あるいはそもそも権利義務に関しないということで撥ねられる領域とに分かれるのでしょうね。

■調停と審判、どちらを目的とするのか

後藤 調停(23)と審判とどちらを目的とするのか、少し大きな問題ですけれど、ご意見をいただけますか。

村田 事案にもよるかもしれませんけれど、どんな解決を目指すかというのは当事者によって違うのと、審判で勝てると見られる事案か、難しいと考える事案かによっても違うとは思うんですけれど。

後藤 やはり早く解決したいというのが大前提だとすると、審判が出ていわゆる異議率が60％という実態、そこから本訴にずれ込んでいく危険率を見越すと、私の場合は極力調停に

しましょうねというのが大きなスタンスですね。本訴になってまたそこから場合によっては1年引きずられるということになると、その人の願いに合わない。ですから審判は私の中ではほとんどありません。

伊藤 私も基本的には同じです。村田さんは内容如何だと言ったけれども、やっぱり速度、それは大きな点だと思います。不十分でも解決金をもらって早くケリをつけたいという要求は結構あるんですよ。そうなると、審判にするか調停をもってくるかの一つの基準は、内容ばかりではなく早さです。

村田 要求というところですね。当事者の要求の要素の中には早さもあるということなんでしょうけど、調停と審判をごっちゃにしているというか、語弊がありますが、調停を試みてこれだったら両方ともいけそうだなというところで審判を出しているケースも結構ありますよね。その場合は、こちらも最終的には異議を出すのを止めようとなっているケースを何件か経験していますので。

後藤 それは私の印象からいくと、審判委員会が相当こなれた場合はそういう審判を出して、調停と同じ効果をもたらすのですよね。

村田 会社側の役員会の説得のために、調停でいけそうだけど、あえて審判でいくというような会社もあったりしますよね。そういう意味ではわりと感覚的には調停をやっているケースは多いですね。解決のために調停をやって、それがダメ

村田浩治弁護士

で審判というケースは何件かありますね。その過程の中で、さっきも言いましたけれど、労働側にも多少問題があるよというような話がされたりして、調停の時にはうんと言わなかったけれど、最終的に審判が出れば当事者も仕方がないかというので諦めるという形の解決もあります。そういう意味では、調停を試みているケースの方が解決は早いというのは間違いないでしょうね。

後藤 一つの情報としてお伝えしますが、名古屋地裁はどんな年度をとっても全国平均の調停率よりも5％から10％高い。その代わり労働審判率は低いです。そして労働審判の異議率はかなり高い。異議が高いということは、村田先生が言われた審判確定型で、いわば調停で終わるところまで、名古屋地裁はどんどん押し込んでいって調停で成立させてしまう。つまりそれでできない審判だと、相手が聞きやしないという審判なので、異議率が高い。というわけで、名古屋の場合、審判委員会が調停を1割、2割、熱意を込めて精力的に施行しているという印象でしょうか。そんな差があるみたいな感じがしますね。

村田 労働審判の理念から言えば、調停を試みるというのは重要なことなんでしょうね。

後藤 組み込んだ上での審判というのがどうも流れのようなので、やはり権利判定機能からすると、審判が条文的には原則のように読めますね。

伊藤 条文は「迅速、適正かつ実効的な解決」だったかな。

後藤 「事案の実情に即した解決をするために必要な審判をいう」。

伊藤 「事案の実情に即した解決」というところを重く見れば、調停解決。

後藤 そこは「審判」にかかるのです。だから審判も調停型の審判になるのですよ、結局ね。

村田 そこまで詰めていれば審判も異議が出にくいということなんでしょう。

伊藤 「当事者間の権利関係を踏まえつつ事案の実情に即した解決」（労働審判法第1条）と書いてあるじゃない。ここに重点を置けば通常はこれは調停じゃないの。

村田 申立代理人が主導でやるとしたら、やはり早く終了させるよう調停解決を目指すということになるんでしょう。

伊藤 条文の一番最後ですけれど、「紛争の実情に即した迅速、適正かつ実効的な解決を図ることを目的とする」と書いてある。審判を下すことを目的とするとは書いていない。かっこ内読んだでしょ。「労働審判を行う手続を設けることにより、紛争の実情に則した迅速、適正かつ実効的な解決を図ることを目的とする」。審判、判定型とかここからはすぐ出てこないと思うよ。

後藤 ただしね、「その解決に至らない場合には、労働審判」とある。労働審判というのは、「個別労働関係民事紛争について当事者間の権利関係を踏まえつつ事案の実情に即した解決をするために必要な審判」なのです。調停は当事者が合意するのだから、そういう理屈は要らないわけですよ。なので、そこだけ読むと、やはり権利判定型で実情解決型の労働審判が原則だと。付随的に調停をして、それでもダメな時には、と読めるのですよね。

伊藤 それは多数説だと思いますよ。だからそれを否定する意思はない。

後藤 ええ。私も条文論争をする気は全くないです。しかし実務的にやはり調停が望まれるというのは、短期間で究極解

決したいとなると、審判の場合、異議という本訴へのドッキングが出てきてしまうので、そういうふうに流れるのかなと私は理解しているわけです。

村田 やはりそこは審判官にも多少傾向があるんでしょうかね。でも、できるだけ調停で解決を図るように求めるということは必要なんでしょうね。

伊藤 そこは多分この4人だったら一致するんじゃないかな。

後藤 何が何でも調停原則か審判原則かという頭のてっぺんの議論ではなくて、事案が何を求めているかというところからすれば、それぞれ機能する場面で適切な解決が得られるように努力はしているわけでしょうね。

村田 伊藤先生は一応全件労働審判主義というか、労働審判前置主義[24]でしょう。

伊藤 そうです。

村田 そうすると、中には審判でもいいやという事案も当然あるわけですよね。つまり、調停でなくて本訴も視野に置いた。

伊藤 本訴を置いたことはない。

村田 ないんですか。

伊藤 集団的労使関係は神奈川県労委はまあまあ姿勢がいいから、全部労働委員会です。

後藤 先生の中で審判になって異議になってしまうというのは、予測し得ない結果なのですか。

伊藤 両方ありますよ。これは本訴になるだろうなと思っても、労働審判でまとまる可能性があるんならそれでやってみようということ。案外うまくいくんですよ。

村田 割と本訴でもやむを得ないと思っていても調停を目指

---

(24) **労働審判前置主義**
そのような制度があるわけではない。ここでは伊藤先生の本訴となる可能性のある事案も必ず労働審判申立をする考えを表現している。

すという、そういう姿勢なんですね。
後藤 そこは先生と少し違うのかもしれない。私はどっちかというと審判になりそうな事件だと、本訴でやりましょうと。余分な審判の期間がかかっちゃうから。
村田 私もその感覚はありますね、確かに。審判の手続が無駄になりますからね。
後藤 私が労働審判の申立をするのは、絶対調停できなければならないというのしかやらないですね。
村田 うちの事務所の場合は支部でやれるしと。わざわざ本庁まで行くのは大変だと、どっちみち異議が出るんだったら支部で本訴でやろうかという。
佐々木 最初から支部で提訴すれば支部でできるけど、本庁に申立てた労働審判で異議出てしまうと異議後の本訴が本庁にかかっちゃうんですね。
村田 堺支部の場合はそうです。

■労働審判制度をよりよくするために

後藤 労働審判をよりよくするためには、とにかく申立件数を増やして事件の解決精度を上げていくということが求められていると思います。まず、この労働審判という制度ができたことを受けて、申立を主に担当していく側として評価すべき点を伊藤先生の方からお話しいただきたいのですが。
伊藤 この労働審判ほど市民参加、国民参加が実現された司法手続はない、まずそこがこの労働審判制度ができた時の感想でした。それから6年半経って、100件近くの事件を担当し、最近つくづく思うのは、労働審判という手続は、やはり市民参加、国民参加、参審制の醍醐味だと。なぜかというと、まず申立人は陳述書を作り、申立人と代理人でとにかくがっ

ちりとした申立書を作って、そこの土俵に相手を引っ張り込む。獲得する目標、それに至るこちらの正当性、それをまず全て申立書の中に書き込んで、それに見合う証拠を集めて提出する。普通の民事訴訟と違って申立人側で土俵設定ができる。それがまず労働審判の第一の利点です。

　そういう土俵設定ができたら、その後は提出証拠を含めて、あるいはどういう和解をするかということも含めて、さらに相手からも答弁書が出てきますので、それを補充書面で論破していく。そういう手続を含めて、申立人の側で大げさにいえば戦略戦術を駆使して、こちらの目指すところに向かってやっていく。それによって、100点はまず取れないにしても、うまくいけば80点、60点、まあ60点以下の場合もありますけど、とにかく申立人側の主導でできる。

　こんな制度はまず今までありませんでした。だいたい裁判官の主導でずーっと進んでいって、意に染まない判決をもらって、腹立たしい思いをして、苦労してそれをひっくり返したりするわけだけれど、労働審判は平均で3か月弱という枠内で一定の目的を達することができる。期限の目標設定ができるのはこの労働審判だけです。ただし、こちらの主導になるためには、申立人とくに代理人はこの手続に習熟しないといけない。それからある程度、労働法の知識が必要です。それなくして土俵設定してもダメなので。そういう点では、この手続に習熟すれば、申立人側労働者にとってこんなにいい制度はないということを、私はまず利点として言いたいです。

村田　当初は割と冷めた見方というか、労働審判というのはどちらかというと権利義務関係が曖昧化するんじゃないかとか、解決水準が下がっていくんじゃないかとか、多少懐疑的

な部分もあったんですけれど、こうやって事例を集めてそれぞれの工夫や様子なんかを見ていると、今、伊藤先生がおっしゃったように、代理人主導でよくしていくことは相当可能な制度なのかなと改めて思いました。違法派遣とか偽装請負(25)など通常の本訴だったらなかなか簡単にはいかない案件も、確かに工夫によっては適正な解決を目指した手続の一つとして労働審判を利用できる部分も相当出てくるのではないかと座談会を通じて考えました。よくしていくのはやはり申立する労働側の工夫というところも大きいとは思うのですが、そういう観点で労働審判をもっと活用する必要があるではないかという感想を持っていますね。

佐々木 やはり労働審判ができてから、まだ少ないとはいえ、労働事件の件数はかなり増えましたね。現時点で３千数百件もの労働審判が年間に起こされているということは、それだけ利用される制度として認知されてきたという証しでもあり、これはすごいことなのかなと思います。私が弁護士になってすぐの時期にはまだ労働審判はなく、普通の訴訟と仮処分だけでした。しばらくしてから労働審判ができて、やはり最初はずい分と変わったものができたという印象で、それまでのものも長くやっていたわけではないのですが、たぶん皆さんとは違う意味で新鮮な気持ちだったと思うんですね。他の制度とほぼ同列に見られたというのがある一方で、最初から存在した制度ではなかったという意識も非常に強くあって。

　私がよく扱う人たちは組合にあまり属していなくて、個人の方が多いんですよね。完全に個人の人。そういう人たちは「労働審判だったらやってもいい」みたいな形で訪ねてくることが多くて、そういう意味でもずい分掘り起しができるいい制度なのかなと思います。その中でも一般の人からとくに

(25) **偽装請負**
請負契約は、契約形式上は注文主は受注者に仕事を依頼するだけであるから、受注者が雇った労働者に直接指揮命令できないが、実際には直接指揮命令を行うのに「請負」に偽装した違法な派遣関係。2007年7月頃からこのような形態が大企業で横行していると新聞報道で大きく取り上げられ、この用語が定着した。

一番魅力的だと思われているのは、「早い」というところなんだろうと。我々はやはり裁判は1年かかるという説明をしますよね。和解できればもうちょっと早くなるかもしれませんという言い方はしますけれど。労働審判の場合、やはり平均で3か月から70日ぐらいですものね。そういう説明をするだけで、「そんなもので解決できるんですか！」と喜ばれますね。やはり当事者の人たちからすると、紛争から解放される利益というのは非常に大きいと思うんですね。我々弁護士は常に紛争の中にいるのであまりそれがどうかというのは関係ないかもしれないんですけれど。その意味ではすごくいい制度なんだろうと思います。

　ということで、もっと労働審判制度をよくするためには、今の良さが消えないように、70日は早いか遅いかと言うと、我々の感覚からすると早いと言えるのかなという感じはしますけれど、その中で今度は納得性や質の部分も追求していく必要があるのではないかと。もしそれが実現できれば、それこそ本当に3千件台に止まらずに、もっと利用者が増えてくるのではないかと思いました。

伊藤　繰り返しになるかもしれませんが、一定の期限の中で土俵を設定し、そこで力を尽くして解決を得られるというのは、他の制度にはないのです。多少似ているところがあるとすれば、労働委員会ですね。ここはかってものすごく長いわけね。さすがにそれは改善しなければならないということで、各労働委員会が命令を出すのは1年6か月以内という目標を設定するようになった。ところが、公益委員にはこれがなぜすばらしい改善なのかわからなくて、「全然改善になっていないじゃないか」などと言う。それは労働者の気持ちを知らないからです。とにかくこのまま1年半頑張れば労働委員会

で一定の結論が出るんだよということによって、労働者は「やります」と言うんですね。申立人、闘う側にとっては一定の期限が設けられることは非常に大切です。それは裁判官にもわからないないし、我々にもわかりにくいかもしれない。それは今の佐々木先生の例でも言えるわけです。

後藤潤一郎弁護士

後藤 このシステムがもともと歴史的になぜ提言されたのかと言うと、個別の労働者が労働組合に包摂されずに、いきなり当事者として使用者と直に相対せざるを得ないという事態が出てきたこと、まさに労働組合の組織率が下がって、その中で労働法上の権利義務という話になると、労働者が個別に裸の当事者として出てしまうということで、それが一つのシステムとして作られたのだろうと思います。

　私自身は、事件の相談を受けて、労働審判のテーブルにどう乗るかと考えるときに、もし仮にその職場にまともな労働組合があって、その労働組合で使用者と「これはおかしいではないか」という議論をしたときに、この辺りまでは解決できる力はあるだろうと思う事案であった場合、それを裁判所という場所で、裁判官も含めて労使協議をするというテーマで見たときに、必ず解決できるはずだと思われる事案が、この事件の申立としては非常に相応しいと思うのです。そのように見ていくことで、どんな事件が労働審判でやったら一定の解決を得られる事件なのかという考え方が深まってきたよ

うな気がしています。

　それを私自身の中でイメージできれば、申立書は審判委員会に対する「ラブレター」であると思うので、この事件はこういうスタイルで、こういう形になっていて、こういう解決が求められている事件なのだということを丁寧に伝えていきたい。私は審判官と「差し」の勝負をするつもりです。こういう申立であなたはこういうことが分からないのかと、相手の感性を試すというか。ですから、「ラブレター」とは言いながら、相手を傷つけるかもしれません。

　伊藤先生が言われたように、自分でまずこういう事件ではないかという土俵設定ができる、手続そのものは審判委員会が期日を決めたりして主導していきますが、約2か月半という期間の中でいうと、もう第1回目が完全に天王山だし、いきなりクライマックスです。そのときまでに、こちらの証拠と主張とで戦略、戦術を固めておきます。残業代請求の場合、使用者側弁護士から何種類かの抗弁を紹介した図書も出版されていますね。それを先に手取って申立書の「争点」においていくつか指摘をしておき、相手方が飛びつくように当方の主張を隠して誘導することもあります。しかしこれは「ワナ」なので、飛びついた途端、相手方は途方もない迷路に陥ることになります。そんなことも含めて相手方はどんなふうに引っかかるのだろうか、と答弁書が届くのをワクワクして待つこともあります。

　そして相手方が答弁書でも期日での口頭主張でもちょっとでもずれたり、非常識な主張をしたら「ほら、こういう不合理で無法な主張をする会社じゃないですか」と強調します。

　そういうことを含めてやはり労働審判の期日をこちらの色合いで設定ができるというところは非常に大きいです。これ

が訴訟だとやはり基本的には「書面で陳述します」で終わってしまいますから。しかし、労働審判はそこに情感や気持ちを含めて説得力、迫力を全部持ち込める。それで私は審判官や審判員を含めて審判委員会との勝負だろうと、もちろん相手方との勝負なのですが、やはりこちらの気迫がどれだけ審判委員会を打つかというのが一番大きいだろうと。

　私の中で根拠になっているものは、どこの職場であってもこんな事件が起きて、大人がまともに考えたらこういう解決しかないではないかと思えることです。皆さん方もそう思えませんかと。それがどこまで通用するか、共感が得られるかによって、私の中ではこの労働審判をやってよかったか、悪かったか、◎だったり、ペケだったりします。私よりもよく考えた審判官だった、審判だったというのも実は相当あるのです。そういうときはやってよかったなぁと思いますよ。こちらが考えるよりも、相手が言ってくることを組み込んだ上で和解提案されたときには、こちらがまだ浅知恵だったということで勉強になったというか、感慨を深めたこともあります。

　ですから、それは法律家同士として「おぬし、よくやったなぁ」という、こちらはこちらで腕を磨くけれど、審判官がさらにその腕を磨いて「名刀」で斬られると、これは斬られても快感があるわけですね（笑）。こういうやり方があったのかと。そういう意味では、申立する側の代理人としてものすごく面白いし、やり甲斐もいっぱいあります。ああ、この案件では審判官には負けたなぁと思われる事件を担当すると、むしろ余計面白味が出てきますね。今度は絶対負けないようにやろうというように。私たちもそれぞれの訴訟事件に思いがあり、正に代理人として一生懸命力を尽くしているの

ですが、自分が申立代理人であるという枠を超えて、申立人以上に手続を進めていけるところは労働審判ならではの特徴です。やはり手続の関係で制度を使いこなしているなとか、審判官と審判委員会と「差し」の勝負をしているなとか、これに対してあなたたちはどう応えられるのかとか、何かこういう"業師"の実感のようなものを感じるときもあります。そこまでいく審判手続というのは、本当に充実していると思います。

　もう一つ、短期というのは単に3回、約2か月半というのではなく、逆算して今から2か月半後に何かが起こることを予定してこの制度を活用することができる。つまり、定年退職がそれぐらい後に来る場合には、その前に申立をしておけば、解決がついた状態で退職できるというように、スケジュールに組み込むことができるのです。ですから、申立代理人がこの事件をどうやって料理したらいいのだろうと考えるときに、いろいろと柔軟な発想をさせてくれる道具を受け取ることができるのではないか。そのようにいろいろと工夫し甲斐のあるシステムではないかと思っていて、そのような相談が来るとワクワクします。

　そのように、私たちに寄せられる相談で私たちも知恵を使ってこういう解決の枠組みが取れるのではないかということをいろいろと発想できること、その発想に基づいて正に申立をしてみること、そして今までの訴訟では得られなかったような解決が得られるようになれば、その人たちが次の依頼者を連れてくるかもしれない。こういう人たちから労働審判をやってよかったという声がどんどん広がっていけば、また労働審判の数も増えていくのかなと思います。代理人も面白くてやり甲斐のある制度だし、この制度を操れる人がいっぱ

い出てくれば、面白い解決ももっといろいろ出てくるのではないかと思います。

村田 あまりマニュアル的に捉えるのではなく、自分の主導でやるという発想でやっていくことが大事なんだと思いますね。

伊藤 労働側の発想で、労働側が主体になってとにかく進行採配ができるという性格の争いですから、これは本当にやり甲斐があるし、得るものもそれなりにあるんじゃないかというのが私の感想ですね。

　（2012年10月～2014年3月、エイデル研究所会議室）

第6章 労働審判事件受任の心構え

I. 労働審判事件を受任するにあたって

1. 労働審判利用者アンケートの調査結果が2011年に公表された。東京大学社会科学研究所（以下、東大社研）は、その後も引き続きこのアンケート結果をもとにして、利用者の満足度の観点で労働審判制度を取り上げている。

その一つの取り上げ方として、利用者の満足度と弁護士費用の問題が相当に浮き彫りにされている。労働審判の代理人は、原則として弁護士に限られていることから、担当した弁護士に対する評価がどうなのかについては、私たちにとってもとても重要な関心事である。

さて、そのアンケートの結果は、依頼した弁護士に対する評価は高いこと、しかし、弁護士費用が高いことが特徴的に示されている（弁護士費用については、後述の座談会を参照）。

2. まず弁護士の側から、弁護士が受任に至る姿勢について考えよう。相談に訪れる人たちの状況は、概ね次のような事情だと思われる。

①社会には様々な相談ルートがあるので、弁護士の事務所まで相談に赴いてくる労働者の多くは悲惨な状況に追い込まれ、具体的な解決を求めてくる人たちである。

②労働者が追い込まれた紛争を労働審判事件として解決しようとするために、本人が申立することはなかなか困難である。

③相談を受ける弁護士はためらうことなく受任すべきである。

3. 相談を受ける弁護士としては、受任するとしても次のような姿勢を持つこと

が必要である。

①いろいろな手続の特性を理解していること。

　労働紛争解決（に限らず民事紛争解決）のための手続についてそれぞれの特性（申立の難易度、申立費用の有無や程度、手続負担感の程度、解決までの想定期間、予想される解決の充足度、手続間の連携・連絡など）をある程度は知識として押さえておく必要がある。また、訴訟との比較で相談者に労働審判制度を説明できることも最低限必要である。

・印紙代は半額で切手代も安価である。
・概ね解決までの期間は70日程度（約2か月半）が一般である。
・勤務地を管轄する地方裁判所に申立ができる。

仮処分との比較も重要である。

・保全の必要性（緊急性）は問題とならない。

簡裁の調停や行政（労働局や都道府県労働委員会のあっせん制度など）・民間（例えば各地の弁護士会の紛争解決センターなど）の裁判外紛争解決機関（ＡＤＲ）との比較も押さえておきたい。

・法的な権利義務を踏まえた解決案が期待できる。
・ＡＤＲは訴訟や他の制度と連動していない。

②そして労働審判の特殊性を押さえること。

・原則3回で解決する制度である。
・実務上、第1回期日が天王山の戦いとされ、ほぼ1回目ないし2回目で解決が得られる見込みであるから、3回目まで期日が実施されるわけではない。
・簡易の調停や行政のあっせん等に比して実効性があること。審判の約7割が調停成立しているからである。
・実務上、残業代などの請求について付加金の支払を命ずる審判は期待できない。しかし申立主文には付けておくこと（本訴移行対策として）。
・訴訟手続より「簡易」だとは言い切れない。
・調停で終了しないときに審判が出されるが、異議率は6割程度ある。つま

りそれぐらいの確率で訴訟に移行する可能性がある。
③解決水準の予測をすること、そして予測できるようになること（その一助となるべくこの本の出版を企画した）。
④「和解力」を持つこと。

解決水準を予測したなら解決がその水準に向かうように持っている全ての能力を短期間に集中して発揮する必要がある。

解決水準を支える自らの仮説と相手方の答弁書等から攻撃として立てられる仮説、および労働審判委員会が解決水準として立てるであろう仮説を予測し、それぞれ証拠などにより検証したうえ、なお自らの仮説の優位性を説得的に訴えることである。

「コミュニケーション力」と言っても良いかもしれない。

4. 労働実定法の知識は欠かせないが柔軟性も必要である。
①定評のある基本書（教科書）は必携であるし、出来れば何度も読みこなしておきたい。労働組合法の領域も読んでおくべきで、労働法は個別労働関係と集団的労働関係のいずれも理解することが必要である。
②時間外など賃金請求をする場合、利用可能な計算ソフトがいろいろあるが、とにかく一度は自分で時間外労働時間を集計し、基準単価を計算して手計算で残業代をはじき出してみること。こうすることで労働基準法が時間外労働をどのように見ているかがわかる。
③そして、とても本訴でなければ解決しそうもない一見複雑な事件や、本訴でも難しいと思われる事件でも、申立して3回の審尋の中で意外にあっさりと解決することもあることを念頭に置いて、判例や学説を柔軟にとらえて相談する人たちの訴えを虚心に聞くこと。

5. 申立人代理人がこの手続に習熟し「和解力」をつけて、この制度を労働者の権利実現・救済のための大きな武器にしていきたいものである。

Ⅱ. 〈座談会〉弁護士費用の問題について

後藤 弁護士に依頼する場合の費用について討論しましょう。2010年、東大社研が「労働審判利用者アンケート」を実施し、翌年報告書を公刊しました。それ以降も東大社研はさらにこのアンケートをもとにして、労働審判利用者の観点での分析を深めています。

その内容に立ち入って座談会を行うことはとても大変なので、「弁護士の心構え」の章で予告した「弁護士費用は高い」というアンケート結果との関連で議論したいと思います。皆さん、どのように弁護士費用を考えていらっしゃるのでしょうか。

A 最終的には個別の受任契約になるのですが、解雇事件の場合にはだいたい給料の1月分とか一定額を着手金として考えるのではないかな。私の場合は1件10万円としています。

B 私は、実は労働審判事件を受任するときの着手金をどう決めたらいいか、いつもその都度悩んでいる状態です。解雇事件の場合に給料の〇月分という話を聞いたことはあります。

C 私ももちろん確たる基準があるわけではないのですが、弁護士の報酬についての旧・日弁連報酬等基準規程を基準に費用を決めている弁護士がやはり多いのではないでしょうか。

この規程もそうだし、私たちはだいたい「経済的利益」を物差しにしているから、それを適用するとどうなのでしょうね。

A 解雇無効が通る前提で、地位確認の労働審判申立をするときに、だいたい解決金として半年から1年分の給与相当額を見込みます。それを「得られる経済的利益」と考えてその金額が300万円以下だったら8％とされているから、経験的に平均的な労働者の給与額を想定すると、給料の1月分（ただし相当に月給が高い人のときはある程度減額、相当に低い人はある程度増額する）というのは相当の合理性があると思いますよ。

後藤 解雇ではなくて残業代とか損害賠償とかの金銭請求の場合はどうですか。

A　私は10万円の定額です。
B　一つ一つの事件について10万円から20万円の範囲で決めていますね。
C　先ほどの日弁連の基準規程どおりに説明してそれで着手金額を決めることもありますが、しかしB先生の言われたような範囲になっているのが多いのも実情です。
後藤　解雇プラス残業代プラス違法解雇に伴う慰謝料という、いわゆる3点セットの事件を受任するときはどうですか。
A　その場合でも基本は解雇なので、先ほどの給料額の範囲ではないかな。
B　もっとも、解雇された労働者の方に給料の1月分が着手金として必要です。といってもそう簡単に準備できないこともありますね。
後藤　そうすると金額範囲の議論とともに、支払の段取りの問題も出てきますね。
C　分割払いを申し出られるとそれを受けることもありますよ。逆に私から皆さんにお聞きしたいのだけど、法テラスの弁護士費用の立替制度の利用はどうですか。
A　私の知る限り法テラスで労働審判を弁護士に依頼する着手金の扶助として立替する金額は10万円から13万円ぐらいだと思う。
後藤　少し詳しく言うと、着手金と実費とで12万円ほどでしょう。
B　そのことからも、着手金を10万円から20万円とする考えが存在する余地があるわけです。
C　私は法テラスをあまり利用しないですね。扶助を受けるのに審査・面談もあり、扶助決定を受けるまでに相当に時間も手間もかかるわけ。そんな間に申立書を早く提出したほうが良いと思うわけです。
A　それはその通りですが、解雇されて本当にお金のない人もいますから、法テラスを利用するのもやむを得ないと思う。ただ安易に勧めない方が良いというのが私の最近の考えです。
後藤　各地の法テラスの運用具合によって皆さんの弁護士費用立替制度利用についての意見が違ってきているのかなと思います。
B　それで「弁護士費用が高い」との意見を持っているとの利用者アンケートの

分析結果について感じることですが、確かに普通の市民生活からすると10万円とか給料の1か月分の支出はあまりないことです。確かに高いと思いますよ。

　比較的簡単な事案で当事者にすこし法的なアドバイスをすれば申立書が作成でき、また期日運営もそれほど難しいテーマがなさそうなケースであれば法律相談料は負担してもらってアドバイスすることもあるでしょうね。

C　弁護士の立場で言うと労働審判手続は決して簡便ではないです。申立書は労働審判が出されて異議が出ると訴状とみなされる書面となりますから裁判所の審査もかなり細かいです。期日こそ3回以内ですがほとんど第1回期日がクライマックスで、そのときに普通の訴訟の1年分の労力すべてを出し尽くすぐらい集中力を発揮して、一気に解決まで持ち込むことが求められます。

後藤　労働審判法のどこを読んでも確かに速さ＝迅速、適正な解決などは規定されていますが、「簡便」とか「簡易」とかは書かれていないですね。結果的に迅速に解決され、まあまあの解決水準だったことを振り返って一つの評価としてそんなふうに感じることはあるのかもしれないですが、労働審判手続を受任する際に訴訟の委任と比べて「楽」だと思える要素があるわけでもないというのが実感ではないでしょうか。

　いずれにしろ、費用の問題は難しいです。ただ皆さんもそれぞれ依頼者との関係や事案の難易などの観点で個別契約をなさっているのでしょう。やや雑なまとめしかできないですが、費用の点は弁護士とよく相談してください、というところでしょうね。

おわりに

　4人の弁護士が労働審判事例を編集しようと集まってからあしかけ3年が経ちました。エイデル研究所から持ちかけていただいた労働審判事例の出版のお話を機縁に、私たち、各地でそれぞれ労働審判の申立を精力的に行っている弁護士が頻繁に東京に参集するようになりました。

　それぞれ事例を持ち寄り、その申立方針や解決について意見や批判を交わして労働審判に向けた思いや熱意を相互に語り合い、相互に刺激し合って、非常に充実した機会となりました。

＊

　「労働審判は面白い」。この言葉だけ取り上げると、やや不見識なニュアンスを感じられるかもしれません。しかし、労働審判委員会の期日において申立人・相手方の丁々発止のやりとり、当事者に対する直接の審尋を経て口頭主義の良さを十分に生かしながら一気に解決・結論に至る手続きは、今までの日本の裁判制度にはなかったものです。

　私たちは依頼者のために、この労働審判の特性を生かして何とか満足のいく解決が得られないか、をそれぞれ考えて実践してきました。こうした私たちが4人参集して確認し合った言葉が、「労働審判は面白い」ということだったのです。

　とにかく労働審判は、第1回期日がいきなりクライマックスです。申立書に主張した事実関係や法律関係、争点、申立に至るまでの経緯が一気に凝縮されて白日のもとに晒されていきます。審判官や審判員とのやりとり、相手方代理人との論争などを経て、一気に解決のテーブルに着くことになります。

　労働審判手続を選択したこと、申立書で事案を分かり易く、かつ合理的な結論が導かれるように工夫したこと、期日での申立人本人の対応や所作（何を聞かれるか、どう応えるかのサジェストや本人への信頼）などが解決の大きなファクターになっていきます。

　つまり、申立側が土俵を設定し、そこでどのような相撲が展開されるか、どの

ような軍配が下されるかを予測して行う手続きなので、解決の満足度は申立代理人の手続法的、実体法的力量に大きく依存することになるのです。

＊

　労働審判は、司法改革の目玉として開始されました。そして今のところ成功例と見なされていることは周知の通りです。司法界でも関心が高く、労働審判に関する図書も多数出版されています。

　私たちのこの『労働審判を使いこなそう！』には、「はじめに」で触れたように次のような大きな特長があります。

　一つは、事件類型ごとの申立に止まらず、審理におけるポイントが掲載されていることです。

　それは、私たちが現実に担当した事案を申立書に「どう書くか」について思案し工夫した経験、そして実際に申立をしてみて労働審判の場でどのように通用したか、あるいは妥協したのかの実践経験をもとにポイントをまとめましたので、単なるマニュアルではないということです。

　二つめは、派遣や有期労働などの労働形態、労働者性が問題になるような事案についても、上記のようなポイントで解説されていることです。

　三つめは、事例の豊富さです。222の事例は全て私たち4人のいずれかが担当して解決した事案です。場所も時期も普遍化してあるので、これから労働審判によって解決する案件がどんな解決をみることになるか、ある程度の予測が可能となるのではないかと考えています。

＊

　私たち4人は老・壮・青の年代に分かれていますが、労働審判法を使いこなして活用することが有用であることについては、完全に意見が一致しています。そのことからも、各章の分担については敢えて執筆者名を掲載せず、全て4人の共同執筆の形としました。

　どうか、多くの人が「労働審判法を使いこなそう」との意気込みを持って、事案解決のために労働審判手続を活用されるように願ってやみません。

＊

最後に、私たち4人の、ともすれば脱線しがちな議論に辛抱強くお付き合いいただき、折々に交通整理をして下さったエイデル研究所企画担当の清水さんと編集担当の山添さんに感謝いたします。また、このような思いのこもった本書に相応しい構成とデザインにして下さり、ありがとうございました。

2014年3月
後藤 潤一郎

巻末資料

労働審判事例一覧・労働審判調書

巻末資料

労働審判事例一覧・労働審判調書

1．項目の説明
　（1）「終結までの期間」は、労働審判申立時から解決までの経過日数である。
　（2）「終結期日」は、労働審判の期日回数である。
　（3）「相手方」は、使用者の業種を主として記載した。
　　　　ただし、派遣の事例では派遣先を相手方とした場合にその業種を記載し、派遣元は「派遣元」とのみ記載した。
　（4）「申立内容」は、申立の趣旨または申立に至る経過に相当する内容の紹介である。
　（5）「終結内容」は、調停または審判などの解決結果の簡潔な紹介である。
　（6）「コメント」は、事例担当者の感想や意見、手続きの特徴点の指摘などである。

2．分類の説明
　（1）事例は事例担当者が指摘した「申立内容」を基準に、各「見出し」に掲載した事件類型別に整理した。
　（2）配列順
　① 事案として最も多い「解雇」事案を「地位確認」とし、
「地位確認／普通解雇」「地位確認／整理解雇」「地位確認／懲戒解雇」「地位確認／雇止め」「地位確認／退職・その他」「地位確認／内定取消」「地位確認／配転・その他」と分類した。
　② 次に金銭請求事案については「金銭請求」とし、
「金銭請求／賃金・残業代」「金銭請求／退職金」「金銭請求／損害賠償」と分類した。
　③ それ以外を「人事／配転・降格」「人事／懲戒処分」「特殊／派遣」「特殊／

その他」と分類した。
（3）それぞれの分類は、事例担当者がその事案の主要な論点としたものを勘案して行った。

3．労働審判調書
　　資料として、労働審判調書3点を掲載した。
　（1）労働契約終了に対応する労働審判調書
　（2）いわゆる復職に対応する労働審判調書
　（3）派遣先、派遣元を相手方とした労働審判調書（**事例一覧214**）

番号	終結までの期間	終結期日	終結種別	相手方	申立内容	終結内容	コメント	主な論点
	地位確認 / 普通解雇								
1	49日	第3回	調停	IT	長時間労働によって体調を崩し休みがちだった労働者に対し地方への出向が命じられた。これを拒否したところ解雇された。また自宅待機中の休業手当は暦日で60％としているものの土日を差し引いた計算がされたため実質的には5割を切って支給され差額が生じたとして地位確認と賃金差額分の請求。	4か月分（賃金分も含む）。	審判委員会は解雇は有効との心証。ただしグレー部分もあるので解決金支払いによる解決が提示された。賃金差額分は行政通達的には誤りではないが、審判官はそれに疑問を持っていたので解決金増額事由として考慮された。	出向命令違反解雇
2	68日	第3回	審判	通信機器の製造販売	住民票の変更届を出さなかったことを口実にして就業規則違反で解雇された（実際は申立人の性格などが気に入らないために解雇した）。地位確認請求。	雇用契約が存在しないことの確認。その代償として420万円（約10か月分）の支払い。	退職の撤回は認められず。その代わり賃金10か月分の支払いという審判。双方の代理人はこれでも良かったが、申立人本人が異議申立。	規律違反解雇
3	77日	第2回	調停	古着販売	解雇されたため地位確認請求。解雇理由は「たび重なる不正」と主張したが、実際は採用した後に妊娠したことが社長の気に入らなかったために解雇した。	解雇撤回・会社都合退職。5か月分相当賃金の支払い義務。但し一定期日までに一括して支払えば3か月分。	解決金が低いのは、相手方が店を閉鎖するかもしれないという言い分を述べたのに乗っての調停だったため。	不正理由解雇
4	98日	第3回	審判	マンション管理会社	マンション管理人の申立人が組合の指導で労基署への告発を就業中に相手方のFAXを使ってやったことを理由に解雇された。地位確認請求。	解雇するほどの事由でないとして地位の確認と賃金の支払いの審判が出た。	審判委員会の解雇撤回・会社都合退職で解決金120万円の調停案を相手方は解決金に不満で拒否したため審判となる。しかし会社異議の申立、本訴においてさまざまな解雇理由を追加してきたため申立人逆転敗訴。控訴せず。	規律違反解雇
5	59日	第2回	調停	税理士法人	採用されて半年で退職勧奨され、拒否したら勤務成績不良を理由に解雇された。地位確認請求。	解雇撤回・合意退職。150万円（6か月分）の解決金。	解雇理由の業務不良（仕事上のミス）が多少あったが、解雇無効の心証で調停案が出された。	勤務不良解雇

巻末資料　労働審判事例一覧・労働審判調書

番号	終結までの期間	終結期日	終結種別	相手方	申立内容	終結内容	コメント	主な論点
6	50日	第1回	調停	小売業	申立人は入社後優秀社員として昇給したが、2年後、同僚をいじめたとして解雇された。その後相手方は解雇理由を「意見のくい違い」と変えた。地位確認請求。	解雇撤回、同日付会社都合退職。解決金186万円（6か月分）。	解雇理由なしの心証で調停案が呈示され、1回目で解決。	勤務不良解雇
7	61日	第3回	調停	製造業	配送業務に従事していたところ、遠方県の本社工場への配転命令。これを拒否したため解雇された。地位確認請求。	解雇撤回・同日退職。290万円の解決金（約10か月分）で和解成立。	1回目に相手方代表者は出席しなかった。審判官は1回目に290万円の調停案を示し検討してくるようにと相手方部長に命じた。2回目に代理人が就き、そのまま受諾して和解。	配転命令拒否解雇
8	93日	第3回	調停	飲食業	解雇に先立つ約1年6か月前に店舗の商品を飲食したこと（禁止行為）を理由にした解雇。事実無根を訴え地位確認請求。3名の連名申立事案。	合意退職の確認と解決金（各4か月分相当）の支払い。	労組交渉の行き詰まり後の申立。飲食したとの事実に争いがあり、当事者が多数かつ過去の行為という点で立証の困難さがあった。当事者が一同に会して聴くという審判ならではの進行により早期の判断が出来たといえる。	規律違反解雇
9	74日	第3回	審判	製造会社の福利厚生施設勤務	同僚との関係悪化を原因として解雇された。悪化の原因の評価が一方的であるとして解雇無効を訴え地位確認＋賃金請求。	解決金として90万円（3か月分弱）の賃金相当の解決金の支払を命じる審判。	調停過程で使用者側はある程度の納得。命令後労働者も納得して双方異議がなく確定した。審判委員会は交渉にあたっていた個人加盟の労働組合役員の傍聴を許可した。	規律違反解雇

195

番号	終結までの期間	終結期日	終結種別	相手方	申立内容	終結内容	コメント	主な論点
10	65日	第3回	審判	郵便業	うつ病で障害等級を有する有期契約労働者が長期間欠勤したところ、会社はこれを無断欠勤として契約期間を短縮する通知をした。そして当該期間満了日に「雇止め」した事案。労働者は「過去にも同様の病気で長期欠勤をしてきたが雇止めとならず更新は繰り返されてきた。期間の短縮についても同意していない」として、雇止めは期間途中の解雇であると主張した。地位確認請求。	20万円（約1か月分）。相手方が異議。	労働審判では、期間短縮の同意については特段判断はなかったが、病気によって実際は働けないのではないかということで、極めて低い金額での審判となった。しかし、相手方が異議を述べ本訴へ。現在も係属中。	無断欠勤解雇
11	57日	第2回	調停	金融	一方的に賃金カットされ、その後退職勧奨されたが拒否したところ、解雇。理由は能力不足というもの。地位確認請求。	解雇撤回・会社都合退職。解決金290万円。内訳は6か月分の賃金とカット分の満額。	本人申立事案。しかし第1回期日前に代理人に委任した。申立人は店長5年を経て大支店の副長も経験していたので能力不足ということはないことを強調した。審判委員会は解雇無効の心証で調停を進めた。	能力不足解雇
12	68日	第2回	調停	紳士服仕立	日本の大学院を出て就職した中国人女性を会社は中国人観光客を当てにして採用したが大震災で需要がなくなった。そこでいじめ・パワハラで辞めさせようとしたが退職を拒否したため解雇した。また早出残業手当が支給されていなかったので、地位確認＋賃金請求。（残業を証明するタイムカードはなかった事案。）	解雇撤回・会社都合による退職。解決金124万円。5か月分の賃金と24万円の時間外手当。	パワハラで抑うつ状態になって解雇された。解雇理由は申立後に届いた。主な理由は日本語能力とコミュニケーション能力不足で勤務成績不良というもの。相手方にも言い分ありと認められたため解決金はやや低額に終わった。	能力不足解雇

巻末資料　労働審判事例一覧・労働審判調書

番号	終結までの期間	終結期日	終結種別	相手方	申立内容	終結内容	コメント	主な論点
13	1か月	第1回	調停	商社	輸出入に関する事務職員として採用された労働者が、能力がないという理由で終日簡易な作業だけを延々とやらせる職務に「配転」された。配転無効を理由に地位確認請求（配転後の業務に就労する義務なし）。ところが申立後に解雇されたため地位確認請求を追加した。	退職の上、解決金として100万円。（本人の給与20万円程度。）	解雇無効、かつひどい配転事案であったが、早期の解決のため解決水準は高くなかった。	能力不足解雇
14	90日	第3回	調停	外資系会社	6か月の試用期間付で採用されそのまま出向。その間の解雇。地位確認請求。（出向先の役職は営業副部長。）	解雇撤回・同日退職、解決金として賃金の5か月分350万円（解雇予告手当含む）。	解雇理由は管理職として不適格というもの。実際は上司と折り合いが悪かった。解雇無効という心証で調停が進められた。	能力不足解雇
15	45日	第1回	審判	IT関連	勤務成績が著しく不良、仕事能力が甚だしく劣ることを理由とする解雇。地位確認請求。	地位確認と一方的に切り下げた賃金の支払いを命じた審判。	相手方の異議申立により訴訟移行。一審は審判通りの判決。控訴されて高裁で和解成立。	能力不足解雇
16	125日	第3回	審判	養護施設運営会社	システム部長として採用されたが、マネージ力不足という理由で解雇された。地位確認請求。	解雇日に労働契約終了、解決金150万円（3か月余）の支払いの審判。	審判と同じ内容の調停案が出た。申立人は不満であったが、生活のこともあり、承諾したが相手方拒否したため審判となる。しかし相手方に異議なく審判確定。	能力不足解雇
17	36日	第1回	調停	不動産業	勤務成績不良と就業不適を理由とするが、実際は「気に入らない」解雇。早出残業手当の請求をプラス。	解雇撤回・会社都合退職、144万円の解決金。	相手方代理人が労働審判に出してくれと言ったため、審判申立となった。解決金の内訳は賃金5か月分と時間外手当請求の満額。	能力不足解雇

197

番号	終結までの期間	終結期日	終結種別	相手方	申立内容	終結内容	コメント	主な論点
18	47日	第1回	調停	会計事務所	試用期間中の解雇。グループの異動を希望したところ、事務所職員として適格性がないとして解雇。その他あることないことを解雇後に主張された。	解雇撤回・相手方都合で退職。解決金160万円（1年分相当）。1回目で和解。	グループの長とメンバーの1人が不倫関係にあり、そのグループで仕事するのが嫌で異動の希望を出しただけでの解雇であるため、早期・高額で解決した。	能力不足解雇
19	101日	第3回	調停	外資系会社	税務の専門性を買われ高給でヘッドハンティングされたが、1年半くらいで期待した能力がないとして解雇。地位確認と賞与の請求。	解雇撤回・会社都合退職。解決金870万円（6か月半分）。	解雇無効の心証に基づく調停。双方の代理人間で詰め、委員会はその中間よりやや申立人寄りの調停案。月給が高いため高額な解決金となった。	能力不足解雇
20	37日	第2回	調停	運送業	大型トラック運転手で、デジタルタコグラフをつけて運転。タコの分析（スピード・休憩のとり方）の結果、1年間に7か月がBランク。そのため退職勧奨され、拒むと解雇された。地位確認請求。	解雇撤回・会社都合退職。解決金200万円（6か月分）。退職金は別途規定通り支払った。	就業規則上、Bランクをとったからといって解雇するという定めはない。この評価制度はAランクをとった者に報奨金を与える制度であることを指摘して解雇の正当事由がないことを強調した。解雇無効の心証でスピード解決。労組はあるが支援なし。	成績不良解雇
21	96日	第3回	審判	IT関連	申立人所属の海外事業部が営業不振ということで解散となり、退職勧奨されたが拒否したところ解雇。理由は能力不足というもの。地位確認請求。	地位確認・審判期日に労働契約終了。解決金200万円を月末までに支払うこと。	解決金の額で和解できなかったところ、審判になり200万円の支払いになった。相手方は異議を述べず、200万円支払って結着。	能力不足解雇

巻末資料　労働審判事例一覧・労働審判調書

番号	終結までの期間	終結期日	終結種別	相手方	申立内容	終結内容	コメント	主な論点
22	105日	第3回	調停	機械販売等の商社	もと他の会社代表者であった申立人がヘッドハンティングにより相手方の新規事業担当部長待遇で就職したが、ゼロからの出発にもかかわらず僅か1年の期間で成績不良として解雇された。地位確認＋賃金請求。	解決金（賃金約7か月分）。	一見して薄弱な解雇理由であるにもかかわらず、会社側は無意味に経営成績などの数字を並べ立て、かつ解雇に伴う予告手当の計算すら誤るなど労働法に反する取扱いを露呈した。会社側の合理性のない主張であることが明白となり調停となった。	能力不足解雇
23	62日	第2回	調停	学校法人	申立人は短大講師と法人部局の本部長職にあったが、能力不足や命令違反などを理由に3月末日解雇を予告された。直ちに労働審判申立するとともに4月以降も出勤闘争を続けた。申立では交通費も含めた経過給与の請求をした。地位確認と経過賃金請求（交通費含めた額を請求したことについて裁判所も異議は延べなかった。）	金500万円（手取額換算約10か月分）。	法人の理事が現職の労働審判員であり解雇予告のやり取りでもそのことを隠さなかった。審判期日において、結局は申立人に対する嫌悪感が解雇の動機であることが明らかにされたこともあって、労働審判員には職場における「ルール・オブ・ロウ」の伝道師たる役割も期待されているから、その職場でこのような違法解雇が奨励されていることは大問題であることも強調して水準を上げた。もちろんこの審判員はこの審判では選任されなかったが・・・。	能力不足解雇
24	95日	第3回	調停	ベンチャー企業	セクハラ行為（女子社員の前で風俗の話をした）をした、協調性がない、能力が低いなどの理由で解雇された事案。セクハラ行為と協調性については事実不存在、能力が低いということについては、争うという展開。地位確認請求。	賃金の10か月。	解雇理由の立証に使用者が成功しなかった。セクハラに関しては陳述書もなく、協調性については具体的事実の摘示があまりなかった。能力については就労期間が短く、判断はできないだろう、という心証で解雇無効。	能力不足等解雇

199

番号	終結までの期間	終結期日	終結種別	相手方	申立内容	終結内容	コメント	主な論点
25	55日	第3回	調停	外資系商社	元代表者であったが、会社が買収され労働契約を締結した。それから間もなく、「事業上の理由」や能力不足などを理由に解雇した事案。地位確認請求。	12か月分。	事業場の必要性は認められず、能力不足も認められないとして、解雇無効の心証。実質的には、元代表者が邪魔なので追い出したかっただけと思われる。	能力不足解雇
26	76日	第3回	調停	IT	プログラマーとして勤務していたが、能力不足を理由として解雇された事案。地位確認請求。	解決金4か月分。	解雇は無効の心証と思われるが、会社自体が経営難であったため解決金額は低くなった。	能力不足解雇
27	78日	第3回	調停	証券	証券会社に中途採用されて入社。本人は、株式取引ではなく、投資業務を主とした経歴を持って入社した。会社は、証券業務について取引実績がないことや投資業務の実があがっていないとして能力不足を理由に解雇した。地位確認請求。	賃金6か月分。	それなりの高収入であったため解雇のハードルを下げられた印象。投資業務の性質から、短期では結果が出ない点は軽視された。また審判委員会に申立人の業務内容がどこまで理解されていたのか若干疑念は残ったが、本人が訴訟に進むつもりはなかったので調停で終了した。	能力不足解雇
28	89日	第3回	審判	外資系IT	パソコンソフトを作成しメーカーに卸す外資系社の営業担当者であった労働者が営業成績不振を理由に解雇された事件。営業でも裏方的な業務をするよう命じられていたため「不振」の責任は労働者本人にはないとして解雇無効を理由とした地位確認請求。	賃金6か月分の調停型審判。申立人による異議。	専門的な業務だったためか審判委員会の理解度を深めるところまで行けなかった。本訴移行後、約1年分の賃金（賞与込み）及び和解日に退職との内容で和解が成立した。	能力不足解雇

巻末資料　労働審判事例一覧・労働審判調書

番号	終結までの期間	終結期日	終結種別	相手方	申立内容	終結内容	コメント	主な論点
29	65日	第2回	調停	IT	SEとして勤務していたが、能力不足を理由として解雇された事案。地位確認請求。	賃金3か月分。	解雇自体は有効ではない心証だったと思われるが、会社が倒産の危機であったので金銭解決と支払いを優先した。	能力不足解雇
30	60日	第1回	審判	IT	プログラマーとして新卒扱いで採用されたのち5年目で能力不足を理由に解雇された。労働者は、能力不足はなく仮に他の従業員に劣っていたとしても教育体制の不備に原因があるとして解雇無効を理由に地位確認請求。	賃金4か月分の調停型審判。双方異議申立。	新卒であるにもかかわらず、審判委員会が専門的知識を有して入社したものと誤認した可能性があった。異議後本訴へ移行。証拠調べの後、解雇無効との心証が開示され、バックペイ含め約2年分の賃金で和解した。	能力不足解雇
31	72日	第2回	調停	IT関連	服務規律違反を理由に解雇された。併せてタイムカードはなかったが、地位確認＋時間外手当の請求。	解雇日に会社都合退職・解決金150万円（賃金1か月分、時間外手当は請求の半分）。	申立人にも服務規律違反があり、始めから解雇有効の心証で臨まれた。相手方の低劣な人格攻撃で心証をとられた結果と思われる。	態度不良解雇
32	42日	第1回	調停	配管工事会社	労働契約書はなく日給月給制の勤務であった。日給を上げるように要求したところ解雇されたため地位確認請求。（相手方は業務委託契約を主張し申立人の請求書と称して偽造文書を提出した。）	170万円の解決金。	審判委員会は労働契約か業務委託契約かわからないとして時間外手当請求も認めなかった。申立人は雇用保険の遡及適用を条件に妥協し和解した。組合の支援あり。	労働契約か業務委託契約か

201

番号	終結までの期間	終結期日	終結種別	相手方	申立内容	終結内容	コメント	主な論点
33	67日	第2回	調停	青果会社	4年に亘って勤務してきた労働者が相手方代表者の世代交代に伴い従前の就業環境に変更が持ち込まれ新代表者との軋轢の結果勤務態度不良を理由に解雇された。地位確認＋経過賃金＋慰謝料＋残業代請求。	円満退職＋残業代含めた解決金＋相手方が関連業者に解雇を触れ回ったことの撤回。（撤回文書を相手方が申立人指定先に郵送する。）	解雇理由としては薄弱であるが、相手方は現職従業員の陳述書などで申立人の「悪性」立証をした。審判委員会はその印象に流された感はあるが、申立人の名誉や再就職の観点で得意先に出した解雇通知を撤回させた意義は大きい。	態度不良解雇
34	65日	第3回	調停	ホテル	高齢のカプセルホテルの支配人。禁煙の場所で煙草を吸っていたとか接客態度が悪いとか宿泊料の計算ミスがあったなどとして解雇された。しかし宿泊料は10種以上の割引きがありノーミスで処理することはそもそも困難なシステムだった。喫煙と接客態度については事実がないとして解雇無効を主張。また残業代も請求。地位確認＋割増賃金請求。	職場復帰。解決金110万円。	金銭解決も視野にあったが、本人が高齢で再就職が困難であること。また使用者も解決金として高額な金銭を出したくないことから職場復帰を実現する解決となった。	態度不良解雇
35	70日	第3回	調停	運送業	女性の大型ドライバー。所属するチームリーダーからセクハラを受けたことを社長に訴えたところ解雇された。（セクハラをしたドライバーは一旦退職後相手方に再雇用された。）地位確認＋慰謝料＋時間外手当の請求。	解雇撤回・会社都合退職。時間外手当含めて解決金250万円。	6か月分の給与相当と時間外手当請求の約3割を合算した解決金。タイムカードはない。セクハラに対して相手方も代理人も罪悪感なしの稀なケース。	セクハラ告発解雇

巻末資料　労働審判事例一覧・労働審判調書

番号	終結までの期間	終結期日	終結種別	相手方	申立内容	終結内容	コメント	主な論点
36	99日	第3回	調停	通信設備会社	仕事中に駐車を巡って他社従業員から暴行を受け告発したところその従業員の会社からの圧力で申立人を解雇。解雇撤回を求め地位確認＋損害賠償請求。	解雇撤回・同日退職。バックペイ4.5か月分と解決金3か月分の支払い。他に暴行の加害者に告訴取り下げを条件に80万円の支払い。	相手方は、被害を受けた申立人に対して親会社の意向を受けて解雇した。そのため親会社をも相手方とした。解雇無効の心証のもとに親会社の連帯責任をも認めて調停解決となった。	暴行告発解雇
37	22日	0回	示談・取下	派遣会社	1年の派遣契約で、派遣先でトラブルを起こしたところ3か月で解雇された。地位確認請求。	残り9か月分の賃金と慰謝料15万円の合計86万円の一括払い。	相手方代理人の尽力で示談成立したため審理することなく終了。	態度不良解雇
38	69日	第2回	調停	コンサルタント会社	社長が申立人を気に入らず、協調性なしとして解雇。	解雇撤回、会社都合退職。解決金賃金3か月分。	定年退職前の解雇通知。理由があまりにお粗末なため、解雇無効の心証による調停。	態度不良解雇
39	70日	第3回	審判	自動車部品製造業	社長の息子が申立人から暴力を振るわれて怪我を負ったと称して被害届を出し申立人解雇となる。地位確認請求。	地位確認、賃金支払いの審判。	相手方異議申立。審判と同じ内容の判決。高裁勝訴判決。最高裁で確定。	態度不良（暴行傷害の捏造）解雇
40	77日	第2回	調停	IT関連	優秀な技術員であったが、何度も配転され、そのうち仕事を与えない、暴力を加えるなどされるようになった。暴力を避けるために実力行使したので解雇。地位確認請求。	解雇撤回・合意退職、解決金180万円。	5か月分のバックペイとプラスアルファで解雇無効の心証で調停。本人は満足で、うつ状態から脱した。	態度不良解雇
41	71日	第2回	調停	不動産会社	賃金の2割カットに同意しないことが会社に非協力ということで解雇された。地位確認請求。	解雇撤回、同日付退職。解決金160万円（6か月分）。	バックペイ3か月分にプラス3か月の解決金。解雇無効の心証からの調停。	態度不良解雇

203

番号	終結までの期間	終結期日	終結種別	相手方	申立内容	終結内容	コメント	主な論点
42	79日	第2回	調停	食品販売	社長をののしったことや業務指示違反等を理由に解雇された。地位確認＋時間外手当請求。	解雇撤回、同日付退職。解決金180万円（バックペイ満額）と時間外手当請求の約8割。	解雇無効の心証による調停。時間外手当は残業時間の立証がやや不十分のため8割となった。	態度不良解雇
43	104日	第3回	調停	タクシー会社	タクシー運転手の乗車前のアルコール探知機の取り扱いに関するトラブルを理由とする解雇。地位確認請求。	解雇撤回・同日退職、230万円（8か月分）の解決金。	アルコール探知機で解雇理由となる数値が出たという証拠が不十分なままの解雇ということで解雇無効の心証での調停。	態度不良解雇
44	45日	第1回	調停	航空機製造	部下が申立人を怖がっている、勤務姿勢が暴力的など勤務態度不良を理由に解雇されたため地位確認請求。（職務限定の上雇用された労働者に対する（懲戒）解雇事案。）	①解雇撤回、会社都合退職②解決金180万円（約6か月分）	普通解雇なのか懲戒解雇なのか判然としない不明確な解雇であった。審判ではそのことの確認から始められたが、相手方は在職従業員から聴取したとする申立人を嫌悪する内容の多数の陳述書を出したため、ある程度その内容が調停にあたって斟酌された印象がある調停である。労働判例ダイジェスト掲載事例。	態度不良解雇
45	74日	第3回	審判	保険会社	入社直後から上司とトラブルを多発し、協調性がないなどとして解雇された事案。地位確認請求。	職場復帰を求めて調停型の審判を望まなかったところ、解雇は有効として棄却。	途中まで調停が進められていたが、手続の最後に本人が職場復帰を強く希望し、金銭解決をしないと通告したところ、棄却の審判が下された。異議を申立てるも地裁でも請求棄却判決。	態度不良解雇

204

巻末資料　労働審判事例一覧・労働審判調書

番号	終結までの期間	終結期日	終結種別	相手方	申立内容	終結内容	コメント	主な論点
46	81日	第3回	審判	IT	IT会社の営業担当者。営業成果が上がらないことや、勤務態度が悪いことなどを理由にして解雇された。地位確認請求。	賃金6か月分の審判。相手方異議。	営業成績はたしかによくなかったこともあり、審判委員会はグレーとの心証を抱いたと思われる。低めの解決。異議後、第1回期日で審判内容で和解。	態度不良解雇
47	44日	第1回	調停	航空機製造会社	地位確認＋賃金請求。(不況理由解雇の違法と給料計算表と異なる支給給与との差額支払請求(2名並行申立)。)	各申立人それぞれ給与約1月相当分の解決金。会社は倒産状態と思われる。	常用派遣として採用されたものの派遣先での業務が欠乏したとして相手方工場にて稼働した。その後不況を理由に解雇されたため地位確認と明示された給与額と支払額との差額支払いを求めた。	不況理由解雇
48	35日	第1回	調停	運送業	労災で治療中にもかかわらず治癒したとして解雇。地位確認＋時間外手当請求。	解雇撤回、会社都合退職。解決金300万円。	解雇理由が乱暴過ぎで解雇無効の心証で1回目に調停成立。300万円の内訳はバックペイ全額プラス8か月分の賃金および請求の8割相当額の時間外手当。	労災治療中解雇
49	81日	第2回	調停	不動産会社	1年前に解雇されたことについて地位確認と時間外手当1年分及び慰謝料100万円請求。	解雇撤回・同日退職、15か月分のバックペイと時間外手当合計340万円の支払い(ほぼ満額)。	役員人事への介入、理不尽な昇給の要求などを解雇理由とされているがそれら事実がほとんどなく、解雇無効の心証で調停がされた。	勤務態度不良解雇

205

番号	終結までの期間	終結期日	終結種別	相手方	申立内容	終結内容	コメント	主な論点
50	94日	第3回	調停	運送業	上司のパワハラでうつ病となり休職。3か月の休職期間満了で自動的に雇用契約終了（解雇）。時間外手当の請求。	解決金280万円の支払い義務。	280万円のうち100万円は時間外手当分。それにバックペイ6か月分を足したもの。	休職期間満了解雇
51	56日	第2回	調停	機器設計・販売会社	社長と合わなくなり、その結果同僚からいじめられ、「ストレス性障害」となる。その上で解雇。	解雇撤回、会社都合退職。2度の解雇と職場での嫌がらせ行為に遺憾の意の表明。申立人の名誉回復措置。解決金（6か月分の賃金と慰謝料）。	社長本人が出頭して対応。審判委員会は解雇無効の心証で社長を説得し、社長も了承して解決。	いじめ解雇
52	56日	第2回	調停	派遣会社	相手方よりA会社に派遣されて7年となっていた。A社の社員にいじめられて派遣期間中であるが、辞めさせられた。残りの期間の賃金分の請求といじめにあって心身症となったため慰謝料の請求。	自己都合退職、100万円の和解金（6か月分）。	相手方は社長本人が出てきたが、「わからず屋」で審判官と女性審判員の熱心な説得でようやく和解成立。	派遣期間中の解雇
53	65日	第2回	調停	医院	申立人は看護師で院長の指示を断ったことで解雇。解雇撤回を求め地位確認請求。	解雇撤回・同日退職。解決金170万円。	解雇無効の心証で調停。解決金はバックペイ3.5か月、年末一時金1か月、解決金3か月の合計額。	勤務態度不良
54	45日	第1回	調停	外資系会社	協調性に乏しいなどを理由にして6か月の試用期間中の解雇。地位確認請求。	解雇撤回・同日退職、バックペイ3か月と解決金3か月分。	申立人の言動に多少問題があったため退職で妥協。	試用期間中解雇

巻末資料　労働審判事例一覧・労働審判調書

番号	終結までの期間	終結期日	終結種別	相手方	申立内容	終結内容	コメント	主な論点
55	68日	第2回	調停	IT関連	派遣先から非正規職員にストーカー行為をしたとの噂が流れたことを理由に途中解約（解雇）。	解決金150万円（約3か月分賃金）と前借り金41万円の免除。	ストーカーの疑いをかけられたが、その証拠はないので解雇無効に近い心証で解決。	期間雇用中の解雇
56	82日	第3回	24条決定	IT関連	平成22年8月3日から10月31日までの派遣労働。9月30日解雇。理由は協調性がないなど。	24条決定。	本人申立事案。本訴から担当。解雇撤回・合意退職、解決金35万円（1か月分）。申立人の資質も考慮してやむなく低額で和解。	派遣期間中の解雇
57	42日	第1回	調停	保険業	18年7月62歳でパート入社したが契約書はなかった。23年3月26日解雇。65歳迄という約束で採用したのですでに65歳を過ぎている（解雇当時67歳）との理由。地位確認請求。	解雇撤回・通告日に会社都合で合意退職。6か月の賃金相当額の解決金。1回で成立。	審判官の半ば強引な調停案の呈示を双方が受諾。	定年超過解雇
58	72日	第3回	調停	IT関連	人材銀行を通して総務課長候補として採用されたが不適切と判断され3か月の試用期間満了直前に解雇された。地位確認請求。	解雇撤回、会社都合で退職。解決金4か月分の賃金。	相手方はワンマン社長で申立人の経験に基づく意見とが合わずに解雇された。途中で1回相手方と申立人側で復帰のための交渉をしたが、条件が全く合わず決裂。審判の言い渡しになるかと思われたが、審判委員会が相手方を説得。なお、相手方に代理人は就いていない。	試用期間中解雇

207

番号	終結までの期間	終結期日	終結種別	相手方	申立内容	終結内容	コメント	主な論点
59	59日	第2回	調停	金属加工業	総務課長候補として6か月の試用期間付で採用されたが社長に気に入られず、3か月後に解雇された。地位確認請求。(管理職として適さないという理由。)	解雇撤回、会社都合退職。解決金約4か月分の賃金。	2代目のオーナー社長はワンマンで気が短いのに対し、申立人は仕事が慎重で遅い傾向にあるため試用期間中の解雇となったもので、やむをえない解決。	試用期間中解雇
60	64日	第2回	調停	派遣会社	地位確認請求。(人材紹介により入社した会社に勤務2日後私病欠により欠勤。後に解雇。)	3か月分の給与相当額の解決金。	申立人は勤務開始後2日間だけ稼働したがその後は勤務できなかった。就業規則により試用期間中でも休職規定の適用があると見えたが相手方は解雇を強行した。審判委員会として給与3か月分相当と示されその解決金額での調停となった。	長期欠勤解雇
61	63日	第2回	調停	運輸会社	地位確認請求。(父子家庭の労働者について「残業が出来ないから解雇」とされた解雇。)	地位確認＋係争期間の賃金・一時金補償＋復帰条件として①会社は残業命令を出さない②給与は約6％減額③将来労働条件変更の場合は双方代理人も調整に努力する。	解雇日から3日目に申立。2か月で復帰した事案。父子家庭のため残業できない労働者を「労働力提供が不能」との理由で解雇した。審判委員会が積極的に会社を説得して復職を誘導。甲府地裁において同種事案で原告勝訴の判決が出されていたのでこの判決を活用した。	理由なし（残業しない）

巻末資料　労働審判事例一覧・労働審判調書

番号	終結までの期間	終結期日	終結種別	相手方	申立内容	終結内容	コメント	主な論点
62	63日	第2回	審判	派遣会社	地位確認請求。（常用派遣であるのに仕事がないことを理由として解雇したもの。）	解決金108万円とする労働審判。相手方の異議により本訴移行したが約半年後に和解。解決金150万円とし（相手方資力悪化のため）内金80万円の円満支払完了したら70万円免除。	相手方は資力欠乏と派遣契約の複雑さを主張して24条終了を訴えたが、労働審判委員会は一切耳を貸さなかった。	不況理由解雇
63	45日	第1回	調停	土木関連	申立人は人事総務担当者として相手方の資金繰りや財務を担当。金融機関との折衝において経営事情を説明したことを相手方代表者は守秘義務違反などの理由で解雇した。解雇後申立人は別会社にて雇用された。地位確認＋経過賃金（月30万円）請求。	解決金100万円（審判委員会調停案は150万円）。	解雇撤回への対応例。解雇直後に労働審判申立し、申立人は別途雇用先に就職した。相手方代理人から解雇撤回・職場復帰命令が年末に発信されたが、その命令は本人・代理人とも出頭指定された日時には届かなかった。解雇撤回はとうてい相手方の真意ではないと主張し「近い新年に開かれる労働審判期日において解決すべきだ」と対応。審判官は「理屈も理由も説明できないが150万円」との金銭提案をしたところ相手方は「それなら復帰してほしい」との姿勢のためやむなく100万円の解決で折れた。	規律違反解雇
64	83日	第3回	調停	販売業	腰痛による業務配転後の顧客トラブルを理由とした解雇。解雇の無効に基づく地位確認＋バックペイの請求。	バックペイと職場復帰後の条件を確定させ調停解決。	解雇に理由がなかっただけに早期の職場復帰を果たせたことは労働審判ならではの解決である。労働組合の交渉が難航していただけに労働審判手続の優位性が示されたと評価できる。	規律違反解雇

209

番号	終結までの期間	終結期日	終結種別	相手方	申立内容	終結内容	コメント	主な論点
65	75日	第3回	調停	医療関連会社	治験関連業務に従事する労働者が能力不足だとして試用期間中（2か月目）に解雇された事案。雇用形態は、試用期間3か月、有期雇用1年、その後正社員というもの（有期雇用1年という他は書証はない）。有期労働契約における期間途中の解雇であるとして、地位確認請求。	賃金の10か月分。1年の有期雇用の残期間。	審判委員会の心証は解雇無効であった。残期間くらい全部払いなさいとの方向で説得がなされた模様。	試用期間中解雇
66	73日	第3回	調停	食品製造	食料品製造業において、国内では使用が許されていない添加物を使用していた事実を上司に言ったところ、それをきっかけに別の理由によって解雇された事件。地位確認請求。	賃金3か月分。	国内で許されない添加物の使用を指摘した事実を労働審判委員会は、解雇の動機とは見ずに判断したため解決金は低額となった。	解雇理由不明
67	66日	第2回	調停	中国系商社	営業担当者として採用されたが、10日で解雇された事案。解雇理由は、明確ではない。なお、試用期間3か月ある中での解雇である。地位確認請求。	200万円。	あまりに解雇手続がずさんであったため、勤務期間が短期間であるにもかかわらず解決金はそれなりに高額だった。	試用期間中解雇
68	79日	第3回	審判	医療関連会社	派遣社員として病院で働いていたが、派遣先と会社との間の派遣契約が終了したために就労先がなくなった。会社は、それを理由として労働者を解雇した。なお、派遣自体期間制限違反となっており違法派遣。地位確認請求。	賃金2か月分。	会社が倒産寸前であったため（営業を止めていた）、取れるギリギリの金額で調停となった。	期間雇用中の解雇

番号	終結までの期間	終結期日	終結種別	相手方	申立内容	終結内容	コメント	主な論点
\multicolumn{9}{c}{地位確認／整理解雇}
69	98日	第3回	調停	液化ガス運搬会社	地位確認請求。（相手方が申立人4名に対し仕事縮小を背景に請負契約解除との主張。これにつき労働者としての地位確認）4名並行申立事案。	相手方都合解雇の確認。4名合計で2500万円の解決金。出来高払いの給与についての残業代も清算した解決金。	傭車運転手の労働者性。運輸労働者で歩合給の時間外手当の算出方法について争点となった。相手方は労基署から残業代支払いの勧告も受けていた。解雇後加入したユニオンと相手方との団体交渉と労働審判とが並行して進められ、審判委員会も団交と並行しながら進められた。	整理解雇
70	43日	第1回	調停	化粧品・観光事業	地位確認＋退職金請求。（定年以後も勤務していた申立人に対し、期間雇用を設定のうえ整理解雇を理由として解雇した事案。）	会社都合解雇確認、解決金200万円（退職金差額＋給与バックペイ分）。	解雇理由は薄弱と見えたが申立人が解雇後加入したユニオンとの団交で数字の調整をしてしまっていたことが災いして思うような解決金とならなかった。	整理解雇
71	91日	第3回	調停	病院	経営の合理化から職員に退職勧奨したが2名が応じず解雇。その2名が地位確認請求。事件は1件として処理された。	解雇を撤回し、1人は原職復帰とバックペイ2.5か月。1人は退職で解決金は賃金の5.5か月分。	整理解雇の4要件を充たしておらず解雇無効の心証による調停。解決の仕方が分かれたが、退職者は和解の条件を飲んだ。	整理解雇
72	68日	第2回	調停	金網の製造販売会社	20年近く勤務した申立人に仕事がないから辞めてくれと通告し、申立人に拒否されたら解雇。	解雇撤回、会社都合退職。解決金賃金9か月分の279万円。	整理解雇の4要件充足せず。相手方代理人と第2回目前に話し合い、双方の中間をとった調停。	整理解雇
73	38日	第1回	調停	IT関連	経営状況が厳しいため整理解雇、地位確認と未払賃金の請求。	解雇撤回、会社都合退職、未払賃金全額、解決金270万円の支払い（賃金6か月分）。	会社の経営は厳しかったのは事実であるが、整理解雇の4要件を充たしていない。	整理解雇

番号	終結までの期間	終結期日	終結種別	相手方	申立内容	終結内容	コメント	主な論点
74	95日	第3回	調停	IT関連	平成22年8月15日整理解雇（実態は指名解雇）された。地位確認請求。	解雇撤回・会社都合退職。解決金200万円（5か月分）。	整理解雇の4要件具備せず、審理の中で相手方は営業成績が悪いとか申立人にセクハラ行為があったなどと主張したが通用しなかった。	整理解雇
75	46日	第1回	調停	財団法人	代表者の要請で事業拡大に向けて参集した申立人らに対し、代表者は事業意欲を何故か失って全員解雇した。地位確認＋経過賃金請求。（10人の全員解雇事案。10件の並行申立。）	10人について等しく各2か月分の解決金（総額800万円）と利害関係人の連帯保証（相手方は破産申立直前）。	全員解雇の事案。従業員全10名は結束して申立したが法人は倒産準備状態で審判期日に立ち会った代理人は破産のために受任した弁護士だった。審判委員会は、法人の財務状況から現存するはずの現金約800万円を総解決金として提案し、かつ出頭した代表者家族を説得し利害関係人として参加させて支払いの連帯保証をさせた。	整理解雇
76	70日	第2回	調停	電子情報機器製造	地位確認＋経過賃金。（100人規模の会社でわずか3人の整理解雇というもの。しかし申立人以外の2人はパートと定年退職者という事案のため整理解雇が詐称された事案と考えられた。）	解雇撤回、会社都合退職、解決金300万円の支払い（賃金手取り約10か月）。審判官は解雇有効、審判員は解雇無効との心証が示されたが、審判員が解雇無効との判断だから、それ相応の解決金を支払ってもらわねばならない」として解雇無効のベースで調停が進められた。	相手方は申立人の成績を問題にしたが、申立人狙い撃ちの解雇という観点で主として審判員両名が「成績評価」、「他の従業員に対する賃金減額の程度」などの観点で会社を強く追及し、審判官も「審判員2名が解雇無効とするからそれ相当の解決金を支払ってもらわねばならない」と述べて解決を指導した。	整理解雇
77	117日	第3回	審判	業務請負管理業務	いわゆる偽装請負の管理社員の普通解雇事件。整理解雇との主張だが、整理解雇の要件がみたされない解雇。背景に合併会社間の派閥争いのある、明白な不当解雇事案。	一回目から使用者側には整理解雇の主張立証をする姿勢がなく審判委員会も調停の勧告。	使用者側の意向で割増賃金を含めた和解案として400万円の解決金（バックペイ＋割増請求の約66パーセント）の検討時間確保のため期日を伸ばしたが使用者が拒絶したため審判となった。しかし異議後本訴の第1回期日前にさらに増額した600万円で裁判外の和解が成立。	整理解雇

巻末資料　労働審判事例一覧・労働審判調書

番号	終結までの期間	終結期日	終結種別	相手方	申立内容	終結内容	コメント	主な論点
78	59日	第2回	調停	商社	整理解雇事案。しかし解雇されたのは申立人1名であり、希望退職者の募集もなく解雇に前後して1名自主退職しているなど必要性も疑問のある事案であった。地位確認請求。	11か月分。	整理解雇を主張するには明らかに困難な事案であった。解決金として賃金12か月分を求めたが、調停ということで1か月分の譲歩を求められ、申立人が応じたのでこの金額となった。	整理解雇
79	75日	第3回	審判	テレビ番組	テレビ関係の業者が解散するとのことで解雇を行った事案。ただしほとんどの従業員はグループ会社に転籍し、申立人1名は転籍先から拒否されもう1名は転籍を拒んで解雇された。地位確認請求。2名共同申立事案。	3か月分。1名は異議、1名は確定。	グループ内で企業を何度も再編している中での解雇。解散するということで厳しい結果となった。異議後の本訴は係属中。	整理解雇
80	111日	第3回	調停	製造業	高齢者に対するリストラ解雇について整理解雇の要件がないとして地位確認＋バックペイ請求。	退職を前提とした解決金（約6か月分）の支払でもって退職する調停で合意。	元々金銭解決を希望していたためバックペイ額＋アルファでの解決となったため和解を受入れた。	整理解雇
81	57日	第3回	調停	精密機械	損害賠償。（整理解雇事案につき、違法解雇に基づく損害賠償請求（3名並行申立事案）。）	3人で250万円。	相手方の資力に依存した解決とならざるを得なかった。整理解雇が労働審判対象かを徹底して議論した事案。	整理解雇

213

番号	終結までの期間	終結期日	終結種別	相手方	申立内容	終結内容	コメント	主な論点
	地位確認／懲戒解雇								
82	77日	第3回	調停	IT	居眠りしていた、会社の設備を壊した、同僚とトラブルを起こした、などを理由に懲戒解雇された事案。また長時間労働で残業代未払いもあった。地位確認＋賃金請求。	解決金として260万円。	審判委員会は解雇は無効との心証を取ったと思われる。トラブルに関して相手方は同僚らの簡単な陳述書を出した程度で設備を壊したとの主張には客観的証拠はなかった。残業代はタイムカードがあったので解決金増額事由として反映した。	勤務態度
83	120日	第4回	調停	食材卸	無断欠勤、社有車の私用での使用、有給休暇の申請が形式に則っていない、日報の提出拒否など9つの事実を理由として懲戒解雇。いずれも事実無根として地位確認請求。残業もしたが払われていないとして割増賃金も請求。	11か月強（残業代分も織り込む）。	使用者があまり労働法規に精通しておらず当初は本人で対応していた。しかし立証や有効な反論ができておらず最後の段階で代理人について調停が成立したというもの。解雇事由自体の判断は無効だがグレーというもの。なお、残業代については確たる証拠はなかったので、解決金増額事由として考慮されるにとどまった。	勤務態度
84	55日	第2回	調停	IT	給料を上げろと会社を脅した、新人をいじめた、などの理由で懲戒解雇された労働者。事実無根であるとして申立。地位確認及び慰謝料請求。	15か月分及び退職日を調停成立日にし、その間の社会保険料労働者負担分を会社が負担。	あまりにひどいでっち上げ理由であったため、労働審判委員会も厳しい態度で会社に臨んでいた。	非違行為
85	39日	第2回	審判	IT関連	仕事がない、無能などを理由とする解雇。途中で懲戒解雇相当と変更。	解雇撤回・同日付退職、解決金150万円（バックペイ分）。	相手方異議申立。2009年11月11日解雇撤回・同日会社都合退職、解決金400万円（約1年分）。	成績不良
86	53日	第2回	調停	新聞社	記者である労働者が、経営者に対する態度が悪いということで懲戒解雇になった事例。懲戒規程が会社にはなかった。地位確認請求。	賃金の12か月分。	懲戒規程がなく、かつ懲戒解雇するには懲戒事実があまりにも恣意的抽象的なので解雇無効の心証の下での解決だった。	勤務態度

巻末資料　労働審判事例一覧・労働審判調書

番号	終結までの期間	終結期日	終結種別	相手方	申立内容	終結内容	コメント	主な論点
87	77日	第2回	調停	商社	営業職。東京から大阪の営業所に配置転換された際、住居を借りたところ、会社から住居の場所について変更を指示されたが、労働者はこれを拒否した。これを理由として懲戒解雇された事案。なお、就業規則等に、住居場所を特段定めたものはなく、あるのは住居手当や通勤手当の規定程度であった。地位確認請求。	賃金の12か月分。	業務的にも、規定的にも、労働者の住居を制限する根拠がなかったので、特に問題となるところもなく、解雇無効の心証であった。	業務命令違反
88	54日	第2回	審判	派遣会社	地位確認＋損害賠償請求。（諭旨解雇された後も会社が懲戒解雇などと触れ回り再就職妨害等の所為に及んだため、翻って諭旨解雇そのものの違法等を訴えた。）	①諭旨解雇による雇用関係不存在②双方誹謗中傷しない③双方に何らの債権債務関係なしなど会社は申立人に対して在職中の所為に関し損害賠償請求する意思を示していたが審判委員会は第1期日から「一切債権債務関係なし」の調停ないし審判を表明してきた。労働審判は双方異議なく確定した。	乱訴的傾向のみられる相手方会社について審判委員会が当初から「一切の債権債務関係なし」の調停・審判に拘った例。労委協会。中央労働時報 第1136号36頁以下。2011年8月号掲載事例。	名誉回復
					地位確認 / 雇止め			
89	78日	第2回	審判	IT関連（外資系）	試用期間的意味合いの3か月契約の正社員に対する雇止め。地位確認請求とパワハラに対する損害賠償請求。	30万円の支払いの判断。	申立人異議申立。3か月後本訴にて90万円で和解。	雇止め
90	66日	第2回	調停	公共施設の運営会社	センター運営の主体が変わったため更新されず。1か月後に再雇用請求。予備的に損賠（11か月分）の請求。	解決金（賃金7か月分余）の支払い。	1年更新で5回更新された後に拒否。更新拒否の合理性がないことを強調したが、有効の心証で調停。本訴ではとうてい認められないケース。	雇止め

215

番号	終結までの期間	終結期日	終結種別	相手方	申立内容	終結内容	コメント	主な論点
91	26日	第1回	調停	タクシー会社	嘱託運転手の雇止め（更新拒絶）の無効を理由に地位確認請求。	原職復帰・バックペイ。	解雇権の濫用と労働組合員を減らす目的の解雇と主張。第1回審尋前に社長との間で原職に戻すと合意して調停。	雇止め
92	62日	第2回	調停	タクシー会社	嘱託運転手の雇止め（更新拒絶）の無効を理由に地位確認請求。	雇止日に退職。解決金3.5か月分。	組合結成の中心人物と見られ解雇されたもの。	雇止め
93	52日	第2回	審判	薬局の経営会社	国家公務員からの転職であるが、非常勤雇用期間の満了を理由とする雇止めにつき、無効を理由に地位確認請求。	雇用関係不存在、賃金1か月分の支払いの審判。	更新拒絶有効の心証での判断。内容に不服であったが、再就職できたので本人は異議申立せず。	雇止め
94	67日	第2回	調停	タクシー会社	原則70歳までであるが、68歳で更新拒絶されたため地位確認請求。	解雇撤回・原職復帰、バックペイ70%。	原職に復帰ということで、バックペイの支払いは70%で妥協。本当の解雇理由は組合活動家であること。	雇止め
95	115日	第3回	調停	施設管理会社	1回の無断欠勤で更新拒絶されたため地位確認請求。	地位確認・復職、6か月更新の社員とする。バックペイは、ほぼ全額。	更新拒絶の本当の理由は申立人の組合活動を嫌ったため。	雇止め
96	78日	第2回	調停	飲食業	4年間、2か月毎の雇用契約の自動更新後、経営悪化を理由に解雇（雇止）。地位確認請求。	雇用関係終了の確認と解決金120万円（4か月分）。	更新拒絶の真の理由は、申立人が時間外手当の未払分を労基署に申告し、支払いさせたため。	雇止め
97	60日	第2回	調停	101番と同じ	101番の続きで、職場復帰したが、再度の更新拒絶。職場で上司との口論があったことなどが理由。	雇用終了の確認と70万円の解決金。	更新拒絶正当の心証で調停案が出され、頑張ったがダメであった。	雇止め

巻末資料　労働審判事例一覧・労働審判調書

番号	終結までの期間	終結期日	終結種別	相手方	申立内容	終結内容	コメント	主な論点
98	82日	第2回	調停	IT関連	平成19年11月から期間3か月の契約社員であった労働者が平成22年4月から妻の介護で休職した。会社は平成22年6月30日をもって雇止め。解雇権濫用の類推適用の主張をして地位確認請求。	契約関係終了の確認と賃金3か月分相当の解決金。	申立人の休職の仕方にも問題があり、解決金はやや低かったがやむをえない解決。	雇止め
99	80日	第3回	調停	保険業	1年3か月で雇止め。理由が抽象的で曖昧なため更新拒絶権の濫用として地位確認請求の申立。	退職の確認と4か月分の賃金相当の解決金で和解成立。	審判委員会の双方に対する熱心な説得で成立。申立人は勝つ見込みのない本訴で地位確認を争うことを熱望したが、最後は妥協。	雇止め
100	98日	第3回	審判	タクシー会社	60歳まで正社員、65歳まで嘱託、それ以降は定時社員という制度。申立人らは更新時69歳・70歳・71歳で契約書には今回で終わりとなっていた。しかし69歳と70歳の申立人は、この通りかと所長に聞いたところ、73歳まで働いた人もいるから大丈夫と言ったので契約をかわした。ところがその後会社が70歳以上とは契約しないと決めたため、更新拒否。そのため地位確認を求めた。	申立棄却。申立人ら異議申立。	審判委員会は初めから契約書をたてに、所長がどう約束したかの吟味をせずに申立人側に厳しく対応。申立人らは最終的に3か月分相当の解決分を呈示したが、審判委員会は2か月なら相手方を説得しても良いと述べた。それを拒ったら、相手方に伝えることもしないで申立棄却した。裁判所に抗議文を提出。高裁で和解。	雇止め
101	98日	第3回	調停	医療法人	1年の期間雇用の確認と賃金支払請求。	1年間の給与額の約6割の解決金。	期間終期の考え方、説明の仕方について齟齬あり。	雇止め
102	80日	第3回	調停	給食提供会社	地位確認(期間雇用のパート従業員について解雇権乱用法理類推による)。	解決金賃金3か月分。	特になし。	雇止め

217

番号	終結までの期間	終結期日	終結種別	相手方	申立内容	終結内容	コメント	主な論点
103	41日	第1回	調停	私塾経営	地位不存在確認請求。（期間雇用の非常勤講師の期間中解雇事案。まず相手方から地位確認等の訴訟提起があったが使用者からするクレーマー的労働者への対応策と理解される。）	①残期間分の給与相当額＋αの解決金②本訴取り下げ＋同意③債権債務なし。	使用側から労働審判申立するとともに訴訟手続の中止を求めた。審判官から「労働者の姿勢から見て調停の見込みがない。労働審判は本訴の関係で二重起訴禁止に触れるから取り下げを検討して欲しい」と慫慂されたが、「早期解決が是非とも必要な事案」と説明して審判委員会を説得し、第1回で調停させた。	雇止め
104	130日	3回	審判	スーパーマーケット・パート	勤続10年近くのパート従業員。職場の協調性や人間関係の悪化を理由にした雇止めだが、決定的な雇止め要因がないとして地位確認＋バックペイを請求。	労働者は職場復帰を求めたが使用者側はこれを認めないため調停は難航。やむなく約30か月分相当の300万円の解決金支払を命じる審判。	調停の過程で労働者も自分の正当性が認められつつも、職場の人間関係の悪化の下での復帰の困難さも把握したこともあり、審判後受入を表明。異議出さず確定。	雇止め
105	79日	第3回	調停	清掃	清掃業に従事する有期契約労働者が、雇止めされた事案。過去に3回の更新実績があった。最後の更新についても、いったんは更新が認められたような形を取りつつ、雇止めを通知。その後、退職届を書かせたという事案。地位確認請求。	6か月分（次期契約の全額分）。	次期契約書を示して署名・押印させて提出させているので、更新の合理的期待はあったとされ、次期契約期間満額分の支払いの調停となった。また、退職届については雇止め後だったのでほとんど重視されず特に問題とならなかった。	雇止め
地位確認 / 退職・その他								
106	126日	第3回	調停	土木業	期間契約社員が解雇されたため地位確認＋賃金請求。（相手方は申立人の自己都合退職であると主張。）	審判委員会は退職の心証のため解決金43万円余で和解。	2回目から代理人が就いた。相手方に問題があるため（ブラック企業）低額で妥協したが、申立人側にとって不本意な形で終了。	解雇か退職か

巻末資料　労働審判事例一覧・労働審判調書

番号	終結までの期間	終結期日	終結種別	相手方	申立内容	終結内容	コメント	主な論点
107	95日	第3回	審判	飲食店（クラブ）	クラブのフロントにおいて接客やホステスをテーブルにつける差配をしていた労働者が、期間満了だとして雇止めされた事案。ただし、労働者は、期間の定めがあると聴いていないので、解雇されたと主張。また最後の賃金が未払いであった。地位確認請求＋賃金請求。	未払い分の賃金＋アルファでの調停型審判。双方異議を申立て本訴へ移行。	一応期間の記入されている書面が存在したため、解雇であるとの構成に苦しさがあった。未払い賃金は明らかであった。異議後、本訴で審判内容とほぼ同等で和解。	解雇か期間満了か
108	29日	第1回	調停	眼科医	解雇されたので解雇通知書を請求したが交付せず。そのため地位確認請求。相手方は合意退職の主張。	会社都合退職の確認、解決金107万円（8か月分）。	審判委員会は解雇無効の心証で、第1回目で調停案呈示。相手方受諾。	解雇か退職か
109	58日	第2回	調停	飲食店	飲食チェーン店のフランチャイズ会社で店長として働いていたところ、オーナー社長からメールや言葉で人格を否定されるような発言を数々ぶつけられた挙句解雇されたため地位確認請求。ただし相手方は退職したと主張した。	5か月分。	退職か解雇かという点で、審判委員会には退職との心証を取られた可能性が高い。もっとも、別手続で残業代はほぼ満額回収していたので当事者はそれなりに満足した。	解雇か退職か
110	66日	第3回	調停	法律事務所	残業をしないという理由で突然退職を促されたため退職することを使用者に伝えたが、承諾前に撤回した。ところが撤回は認められないばかりか諸々の解雇理由を並べられて解雇されたため地位確認請求。（なお有期契約労働者であったところ、期間途中の解雇であった。）	5か月分（バックペイ全額）。	使用者が退職合意を主張したり、解雇を主張したり、雇止めを主張するなど終了原因を複数主張していたが、そもそも理由が認められないとして審判委員会はすべての主張について無効の心証だった。解決金額は少ないが、本人が訴訟に移行することは望まないためバックペイ相当分で応じた。	解雇か退職か

219

番号	終結までの期間	終結期日	終結種別	相手方	申立内容	終結内容	コメント	主な論点
111	103日	第3回	調停	飲食店（キャバクラ）	いわゆるキャバクラで働くホステスが同僚のホステスから因縁をつけられもめごととなり、自宅待機を命じられ、その後一切勤務をさせられなかったため同期間中の賃金と不当な罰金控除について支払を求めた事案。なお団交などをしていたこともあって自宅待機から労働審判まで長期間経過していた。地位確認＋賃金請求。	約500万円（勤務していない間の給与相当額の6割）。	まともに計算すると高額となるため、審判委員会が6割とする調停案を出した。（おそらく休業補償を念頭に置いたものと思われる。）	自宅待機
112	76日	第3回	調停	病院	病院事務長のパワハラで退職届を出してしまい、その後撤回した。しかしこれが認められず地位確認請求。更に課長職であるが時間外手当の請求も加えた。	退職の確認と解決金250万円（時間外手当分）。	退職の撤回は認められず、時間外手当は請求の53％に止まった。タイムカードがなく推定額であるため。	退職撤回
113	43日	第1回	調停	飲食業	地位確認と損害賠償請求。（退職の取消とともに暴行傷害を受けたことについての慰謝料請求。）	会社都合の退職。解決金50万円。	職場でのミスで店長から殴られ辞めると言ったもの。退職の撤回は認められなかったが会社都合退職として調停成立となった。	退職撤回
114	88日	第3回	調停	食品の製造販売会社	賃金未払いの上、一方的に解雇された。地位確認＋賃金請求。	解雇撤回し合意退職。解決金賃金4.5か月分。	申立人も辞めたがっていたケース。相手方は本人が退職の意思表示をしたと主張したが認められなかった。	解雇か退職か
115	45日	第2回	調停	警備会社	有給休暇を請求しようとしたが認めないため労働組合に入り、労基署に申告したら、警備の仕事に就かせない。日給が出ないため就労請求の申立。	調停日の会社都合退職。解決金約5か月分。	相手方は代理人を就けず。審判委員会は就労させないことは不当だとの心証で相手方を説得してようやく和解成立。	仕事取り上げ

220

巻末資料　労働審判事例一覧・労働審判調書

番号	終結までの期間	終結期日	終結種別	相手方	申立内容	終結内容	コメント	主な論点
116	52日	第2回	審判	タクシー会社	懲戒解雇を示唆して退職勧奨されたため退職届を出したが後に撤回。しかし会社は撤回を認めなかったため地位確認と残業代請求。	退職届の撤回認められず、時間外手当相当分の解決金の支払いのみの審判。	退職届を出したときのやりとりを社長が録音していた。申立人はその時のことを覚えておらず審判廷に録音内容が出されて対応困難となった。異議申立せず。	退職撤回
117	42日	第1回	審判	小売業	キャリアとして採用されたが後に経歴詐称を疑われ退職勧奨された。会社都合退職であれば辞めると言ったが拒否されて出勤停止・自宅待機で放置された。そのため地位確認。	出勤停止日の会社都合退職。解決金70万円。	解決金額で妥協できず、1回目で審判となった。相手方異議申立せず確定。	自宅待機
118	42日	第1回	調停	外資系保険会社	申立人が上司と社内結婚したことに対し、支社長が「社内結婚は前例がなく下手い。夫の出世を考えるなら即時退職すべきである。申立人の異動先はない」などと退職を強要した。申立人は妊娠3か月でこのストレスで流産をおそれ、また夫の出世を考えて退職届を出した事案。地位確認＋損害賠償請求。（退職の無効と慰謝料と出産手当・育児手当相当分の請求。）	会社都合による退職に変更。解決金180万円（退職金の差額と6か月分の賃金相当額）。相互に誹謗中傷しない条項。	審判委員会は、退職届は有効との心証であった。しかし審判員が申立人に「同情」したのか相手方を説得し退職のケースとしては高額な早期解決となった。	退職撤回

221

番号	終結までの期間	終結期日	終結種別	相手方	申立内容	終結内容	コメント	主な論点
119	31日	第1回	調停	派遣会社	地位不存在確認請求。（派遣先会社に正規雇用された労働者に関し、派遣元会社からその派遣先会社に対して二重雇用との中傷がされたため、その労働者が労働契約関係にないことの確認を求めた。）	労働契約関係が存在しなくなったことの確認。	派遣従業員が退職後、派遣先会社に正規雇用されたところ、派遣元会社が派遣先会社に対して「退職は認めていない。その従業員は二重就職に当たるから派遣先会社で解雇せよ」と内容証明で抗議されたため、形式的にはその従業員が申立人となり、派遣先会社が費用負担して審判申立して解決した。派遣従業員が派遣元会社に対する退職の意思表示が何時あったかが争点となった。	二重雇用
120	47日	第1回	調停	酒類販売会社	地位確認請求（自己都合退職無効）。	会社都合退職との退職金差額＋解決金。	会社が労働者が退職の意思表示をしたと誤解して退職強行した案件。	退職無効
121	31日	第1回	調停	IT関連	地位不存在確認。（従業員が退職したのか会社が解雇したのか不明確な事案。使用者から債務不存在申立。）	会社都合解雇確認、解決金120万円（約3ヶ月分）。	若い社長と年輩の労働者。社長が労働者から「迫害」「翻弄」されていたと見える事案。審判委員会は「会社の主張は分かるがこういう場合には賃金3カ月分程度の解決金は負担すべきでしょう」と調停をリードした。	解雇か退職か
122	85日	第2回	調停	製造業	事業所所長。背任の疑いを指摘され退職願を提出させられたが、背任ではなく、退職願は錯誤無効であるとして地位確認を求める。	円満退職の合意と退職金のおよそ半分の支払をする調停成立。	退職届けの無効主張は困難な事案であったが、背任の金額は些少で、その内容についても明確ではないところがあったため、痛み分けに近い調停案となった。しかし訴訟での白黒を求めるリスクを回避するために双方が委員会勧告に従った。	退職無効

222

番号	終結までの期間	終結期日	終結種別	相手方	申立内容	終結内容	コメント	主な論点
123	97日	第3回	審判	デパート	パート社員（有期契約）である労働者に対し、店舗の異動が命じられたところ、労働者がこれを拒否すると、退職強要がなされ、明確に退職するとは述べていないのに、「退職する」と発言したなどとして、退職扱いにされた事案。退職届などはなし。地位確認請求。	解決金120万円（4か月分）。	退職届がないためどのように退職を決裁したのか不明のままであった。ただ審判委員会は異動を拒否している点なども考慮して審判としては4か月分にとどめた。なお双方異議なく確定した。	退職無効
124	75日	第2回	調停	薬局	非違行為があったとして使用者から退職をするように言われる。労働者は退職したくないと考えていたが、退職しないと懲戒解雇すると言われたため退職届に署名して提出した。（なお使用者は懲戒解雇とすると述べたことは否定しており、この点のやり取りを証する客観的な証拠はない。）労働者は錯誤無効を主張して地位確認請求の申立をした。	解決金3か月分。	錯誤無効を主張したが、審判官は認める様子はなかった。ただし審判員は、何らかのやり取りがあったので望まなかったものの退職となった点を考慮していた様子であった。	退職無効
地位確認／内定取消									
125	80日	第3回	調停	外資系商社	派遣社員だった労働者が、正社員として働ける会社への転職活動をしていたところ相手方から内定を得た。そこで、前職を辞すことも決まっていたところ、就労日直前での内定取消となり、不服として提訴。取消理由は風評など曖昧なもの。地位確認及び慰謝料請求。	6か月分。	内定取消の理由について、相手方は最後まで立証はつかないままであった。	内定取消

番号	終結までの期間	終結期日	終結種別	相手方	申立内容	終結内容	コメント	主な論点
126	33日	第1回	調停	製造会社	地位確認(採用内定の不当破棄)。	雇用契約上の権利なし。約3か月相当分120万円の解決金。	(中途)採用内定の意義。代表者の友人として何くれとなく協力して代表者が申立人に車両提供や営業同行、会議参加など求めた経過があった事案。採用内定状態と言える事実関係をめぐる争い。	内定取消
127	92日	第3回	調停	医療事務労働	職安の求人票を見て面接。前職の就労期間中アルバイトを経て、正式な契約予定のはずが、アルバイト就労後、契約成立していないとして採用拒否。労働者側は解雇であり無効と主張して地位確認とバックペイの請求。	解決金として43万円(約2か月)の支払をする調停の成立。	労働者側の就労態度を理由にした事実上の解雇であるが、労働者側も使用者(医師)の個性に不安を感じたため、退職を希望した。解決金額は労働者側の対応にも問題点も考慮したが、調停の性質上、労働者側の妥協も大きいかった。	内定取消

巻末資料　労働審判事例一覧・労働審判調書

番号	終結までの期間	終結期日	終結種別	相手方	申立内容	終結内容	コメント	主な論点
地位確認／配転・その他
128-1	112日	第3回	調停	出版業	減額給与請求。	3名については①和解時期に減額賃金合意②その間の賃金精算。	4名の某地方支局勤務者全員が少数労働組合に加盟していたが、会社は多数派組合との間で賃金減額の協定を結び、4名にも減額賃金支給した。うち1名は程なくして定年退職したが相手方は退職金について大幅な減額を主張するとともに、定年後雇用について条件調整の機会を効果的に行わなかった。3名については減額違法との判断が維持され、退職者の帰趨について審理が重ねられた。定年後再雇用についての協議の場の設営を実質的に審判委員会が担い、再雇用を相手方に約束させる方向で相手方を説得する姿勢を崩さなかったが、申立人が結果として相手方を信頼できないとして再雇用を求めず退職金支払いの調整に留まった例。	減額賃金回復
128-2	同上	同上	調停	同上	地位確認＋経過給与＋退職金。	1名の退職者については①定年後雇用は取りやめ②減額のない退職職金額を確定し③支払い方法（分割）の合意		定年後再雇用
129	61日	第2回	審判	運送業（大手）	東京支店で採用され、現金輸送業務に従事。その後横浜支店へ配転。東京へ戻すという約束であった。6年後、2人はそれぞれ親の介護の必要から約束の履行を求めるも拒否され、そのため地位確認と慰謝料100万円の請求。	「会社は、今後とも、従業員の仕事と生活の調和に配慮すること。」という審判。	申立の趣旨と異なる主文であるが、労働審判ならではの審判。しかし相手方異議申立。8か月後に2人とも都内の営業所に戻すことで和解成立。背景に休憩時間がとれないため、時間オーバーした部分を残業手当として請求したところ、社内で反響が大きく、それを打消するために和解を求めてきた。	再配転確認

225

番号	終結までの期間	終結期日	終結種別	相手方	申立内容	終結内容	コメント	主な論点
130	178日	第1回	取下	学校法人	定年後の継続雇用をめぐる紛争。不当に低くされた労働条件が折り合わないことから合意が成立しなかったが、不当として地位確認の申立。また就労時に理由のない担任はずしをされたとして慰謝料も請求。	取り下げ。	別途本訴を申立てて争うこととした。本訴では、地位確認は棄却されたものの、損害賠償は一部認容された。	定年後再雇用
131	45日	第1回	調停	タクシー会社	運転業務を隔日勤から日勤へ一方的不利益変更したので、撤回を求めて隔日勤務の地位にあることの確認請求。	隔日勤務に戻す。	申立人が組合活動家であるため嫌がらせで不利益変更したが、相手方代理人が元に戻すと述べ調停成立。	勤務変更
132	88日	第3回	審判	自動車部品製造	技術職スタッフから現場作業員（2交替ライン）への配転を命じられた。地位確認請求。（製品の欠陥を得意先に報告したことへの報復。）	配転画策したパワハラ上司の対応について会社は遺憾の意の表明。	申立人が異議申立し本訴移行した。敗訴し控訴も棄却され上告も不受理となった。配転無効を裁判所で争うことの困難が見られた例。	職種変更
133	56日	第2回	調停	新聞販売店	申立人は販売店の事務担当者。同僚が業務上横領したことに連帯責任として解雇通告された。相手方は労働センターの指導で解雇は撤回したが報復的に遠方の本店に配転命令を出したため地位確認請求。	会社都合で退職。解決金は4か月分の賃金。	配転無効を争ったが、審判委員会の勧めに応じ会社都合による退職とした。	配転命令無効

巻末資料　労働審判事例一覧・労働審判調書

番号	終結までの期間	終結期日	終結種別	相手方	申立内容	終結内容	コメント	主な論点
134	96日	第3回	調停	学校法人(短期大学)	講義枠削減禁止と慰謝料請求。（短大教員に対して担当講義を削減した事案。）	苦情処理手続の明確化、学科会議の権限の明確化、申立人担当カリキュラム枠の決定と不服の場合の手続要領、及び現在のカリキュラムの確認など。	在職者申立。いわゆる「教授権」と担当授業時間数との関係など憲法・教育理論にも関連しており、労働審判以外に適切な手続きは見当たらなかった。	講義枠変更
135	54日	第3回	調停	調理サービス会社	地位確認請求。(配転無効、つまり食堂調理師の申立人に県を跨ぐ配転を強行したが通勤できないまま就労が無視された。)	解決金約4か月分にて円満退職。	在職者申立。不安定な状況を打破するために申立。	配転命令無効
136	69日	第2回	調停	印刷加工会社	地位確認（再雇用の約束の下で一時退職した後の復帰）。	雇用関係不存在。賃金1年分相当の解決金。	疾病により一旦退職したが、その際会社から復帰の際に適用される労働条件が具体的に提示されていた。労働者は治癒して復帰を求めたが拒否されたため地位確認を求めた。かなり満足な範囲の解決金と思料される。	再雇用約束の履行
137	67日	第2回	調停	医療法人	賃金確認と支払請求。（勤務医の労働条件に関して2種類の労働契約書が存在し、医院側は低額を強行。申立人はもう一つの契約書に基づき差額給与請求。）	審判申立日までは申立人の主張する給与条件にて精算。審判中の給与は2つの契約書の賃金の間を取った給与条件で精算。申立人は別の事情もあって調停期日の1か月後まで勤務することの確認。その他専門医資格の充足を保障する条項。	法人は「専門医」である申立人を「研修医」と同等のように描いて主張したが、審判委員会は専門医制度を理解して対応。	労働条件不確定

227

番号	終結までの期間	終結期日	終結種別	相手方	申立内容	終結内容	コメント	主な論点
138	65日	第3回	調停	医療関連会社	突然、上司から退職勧奨を受けそのショックで会社に行けなくなると、解雇なのか退職扱いなのか極めて曖昧なまま雇用が打ち切られた。手続は社労士が関与しており混乱が深まった。地位確認請求。	賃金10か月分。	明確な解雇は行われておらず、他方で退職届もないのに使用者が雇用を終了させたというもの。終了原因がないので地位は存するという申立人の主張が受け入れられたと思われる。途中傷病手当を受給していたことから解決金が減額された。	退職理由不確定
					金銭請求 / 賃金・残業代			
139	78日	第3回	調停	飲食店	居酒屋で働いていた店長と従業員に基本賃金の未払いあったので、それを求めての申立。あわせて、残業代についても請求した。2人共同申立事案。	基本賃金未払い分のほぼ全額。	会社は倒産寸前で社長のポケットマネーから解決金が支払われた。店舗も経営権は既に別会社にあり最終期日に社長に現金を持参させ受領する方法をとった。	基本賃金・残業代金
140	85日	第3回	調停	雑貨製造	時給約900円のパートタイム労働者11名による申立。会社の解散の際に、代表者が残余有給休暇を買い取るとの約束の不履行、自宅待機命令中の賃金の支払い、一部未払い賃金の支払いを求めた金銭請求事件。	請求額の約5割〜7割。	証拠資料に乏しく、また、11名の共同申立と言う挑戦的な申立であったが、調停が成立したことは評価できる。	基本賃金・有休買取り・約束履行

巻末資料　労働審判事例一覧・労働審判調書

番号	終結までの期間	終結期日	終結種別	相手方	申立内容	終結内容	コメント	主な論点
141	90日	第3回	審判	タクシー	タクシーの運転手である当事者がパソコン等の知識を有していたことから、会社が同人に命じて社内で使うパソコンなどの購入・セッティングをさせたところ、そのパソコンに不具合があったとして損害賠償を請求しタクシー乗務拒否をしてきた事案。なお当事者はこの問題の直前に労組を結成して委員長に就任していた。請求内容は損害賠償義務が不存在であることの確認と乗務拒否中の賃金支払い。	調停は成立せず、審判によって債務不存在と未払い賃金の支払いが命じられた。会社は異議を申立て本訴へ移行した。	本訴でも第1審判決は労働審判と同様の判断となった。その後会社は控訴して控訴審で和解となった。なお労働審判の途中から会社は労働者を乗務に復帰させていた。	基本賃金
142	45日	第1回	調停	農産物販売会社	解雇そのものは争わず。解雇予告手当のみ請求。労基署でももめた結果の申立。	解決金（請求額の3分の2）。	労基署で解雇予告手当の支払いを巡ってもめて解決できなかったため申立。	予告手当
143	38日	0回	取下	建築会社	退職金・未払賃金等。	破産手続き開始のため取下げ。	破産を事前に察知して低い水準で手を打つしかなかったケース。	退職金
144	74日	第2回	調停	自動車部品製造業	残業手当の未払分と皆勤手当の請求。同時期に会社からも債務不存在の申立。	130万円の一括払い。	時間外手当、休日出勤手当、皆勤手当の請求満額。	残業代金
145	48日	第1回	審判	外国人労働者紹介業	契約して1か月後に全額歩合給とするとの通告。拒否して働いていたが固定給も払わないため5か月分の請求。	申立棄却。理由は雇用契約関係にない。	申立人異議申立。訴訟移行1年後に全額認容判決。	基本賃金
146	43日	第1回	調停	小売業	平成17年7月から10月までの未払賃金と残業手当。	請求額91万円の3年分割払い。	相手方は支払う金がないの一点張りのため、やむなく社長個人を連帯債務者として和解した。	基本賃金

229

番号	終結までの期間	終結期日	終結種別	相手方	申立内容	終結内容	コメント	主な論点
147	35日	第1回	取下	自動車学校	賞与金請求。(平成○年度の夏季賞与。16名で組織される労働組合と学校との協定による具体的請求権)	取り下げ後団交により解決した模様。	自動車学校の教習従業員16名で組織された労働組合と学校との労使協定により一定期間賞与を凍結する協定が締結された。この凍結期間経過後の賞与請求権が個々の組合員に帰属するか、そもそも具体的請求権が発生するかとの論点があった。なお16名の併合申立が認められた事例でもある。	賞与金
148	48日	第1回	調停	ネイルサロン	時間給与請求。(時給アルバイト従業員に対し「自主訓練」など不払い勤務時間を設けて支払わなかったり8時間を超えて労働させた。)	請求額88万余円のうち40万円の解決金支払。申立人が申立後遠方に転居し夫も賃金計算に対応したため利害関係人として手続参加。	「研修」「手待ち時間」などにより時間給労働者の時間給が支払われなかった例。審判委員会はタイムカードの勤務時間から研修時間名目の不払いは認定したがその他は曖昧な姿勢でありあまり満足できる水準とはならなかった。	基本賃金
149	35日	第1回	調停	自動車部品の製造販売会社	職場で暴行を受けて半うつ病状態となり退職。残業手当・休業中の未払賃金、慰謝料の請求。	120万円の解決金の支払い。	残業手当請求通り。未払賃金1.5か月分。慰謝料30万円、合計120万円。	基本賃金・残業代金
150	53日	第2回	調停	運送会社	社長より暴行を受けて退職。未払賃金・残業手当等の請求。	当事者間に債権債務のないことの確認。	相手方よりガソリン代等の未払分の請求があり、これらと事実上相殺した。社長にも申立人にも人間的な問題のあるケースのため妥協した。	基本賃金・残業代金

巻末資料　労働審判事例一覧・労働審判調書

番号	終結までの期間	終結期日	終結種別	相手方	申立内容	終結内容	コメント	主な論点
151	81日	第3回	調停	リフォーム業	4か月分の賃金の未払と残業手当446万円の支払請求。	4か月分の賃金と残業手当請求分の52%の解決金。	未払賃金は満額認められたが、残業手当は請求額の約半分。退社時刻が1部のメールでしか証明できなかった。	基本賃金・残業代金
152	56日	第2回	24条決定	印刷会社	未払賃金12・4・5月分と時間外手当108万円の請求。	残業時間の証拠が少ないため24条決定。	本訴で解決金60万円で和解成立。時間外手当は立証不十分で認められず、相手方が外国人でそのいい分に裁判所が引っ張られたこともある。	基本賃金・残業代金
153-1	80日	第1回	24条決定	化学製品の製造会社	賃金を10パーセント切下げる賃金規程の改訂無効、時間外手当の請求。	24条決定で本訴に移行。	時間外手当については審判で調停可能だが、賃金カットは本訴でやってほしいということで24条決定。本訴にて一括和解成立。	基本賃金・残業代金
153-2	73日	第1回	同上	同上	賃金を10パーセント切下げる賃金規程の改訂無効。上記の外組合員2人が申立てた。	24条決定で本訴に移行。		基本賃金
154	75日	第3回	調停	官庁外郭団体	年俸制を取るものの特に詳細な定めがない職場において、労働者の同意なく賃金を減額した事案。労働者は不服として労働審判を申立てた。賃金請求。	減額分の8割を回復。	審判寸前であったが審判委員会が間を取る案を提示した。本人は申立後も勤務を続けていたので調停による終了を望んでいたことや職務が軽減されていたこともあって妥結となった。	基本賃金
155	65日	第2回	審判	証券	幹部クラスの労働者が賃金を減額された事案。労働者は同意していないが使用者は同意があったと主張。また使用者は制度上賃金を決定できる権限があると主張。	棄却。労働側異議申立。	黙示の同意があったとして棄却された。その後本訴では全く別の結論を示唆されて和解解決となった。	基本賃金

231

番号	終結までの期間	終結期日	終結種別	相手方	申立内容	終結内容	コメント	主な論点
156	80日	第2回	調停	飲食	違法解雇の慰謝料100万円、時間外割増、予告手当、店長手当請求と付加金加算で100万円の請求事件。(新規店舗店長として基本給20万円で採用されてわずか1か月で懲戒解雇された事案。この間一日も休日も取れず時間外、深夜勤務で開店を乗り切った)。	懲戒解雇撤回・合意退職＋解決金100万円。	ネット応募で店長候補者として採用されたがパート従業員等に対するハラスメントや配転命令拒否を理由に1か月で懲戒解雇された。相手方は解雇予告手当も支払わず労働審判の場でも管理監督者との主張をしたことが審判委員会の「逆鱗」に触れ(?)時間外については付加金含み、違法な懲戒解雇の慰謝料含みの調停案に至った。しかし相手方は期日に支払わず代理人も対応しないためやむなく強制執行による回収をせざるを得ない。	残業代金
157	62日	第2回	調停	タクシー会社	深夜割増手当＋減額賃金回復請求。(タクシー会社の配車係として勤務した深夜業務において休憩時間が取れないのみならず基本給も減額され、間近に定年退職を控えて退職金が満額支給されないとの不安があった事案。)	解決金請求額通り＋退職金額の確定と支払条項。	定年直前の在職者申立。申立の趣旨を超えて退職金額を審判委員会で確定させた事案。申立人は退職時に職場で送別会も開いてもらったとのこと。審判を申立てても申立人と職場に悪感情が残らなかった例。ジュリスト2008年12月増刊号「労働審判」140頁「Case16」の事例。	深夜残業
158	6日	期日前	取下	建築会社	休日出勤手当＋退職金＋賞与。	労働審判法2条に定める「最後の勤務地」の解釈において、勤務地が現存しないため管轄がないとされた例。	事業所閉鎖されたもと営業所勤務者が申立する場合の管轄が問われた。結局審判取り下げ、訴訟提起で解決した。労働判例1025号96頁「労働審判ダイジェスト」掲載例。	残業代金

巻末資料　労働審判事例一覧・労働審判調書

番号	終結までの期間	終結期日	終結種別	相手方	申立内容	終結内容	コメント	主な論点
159	54日	第3回	調停	飲食会社	退職金＋残業代等。（新規リゾート施設に新規開店した相手方に雇用されたが半年後に店舗閉鎖・解雇された。解雇後ユニオンに所属したが団交が進展せず、申立を選択。）	解雇された2名が開業時の残業代と退職金等請求し、2名合計で約3か月分の解決金。	退職金規定もなく団交における代表者発言も不鮮明なため退職金相当分は得られなかった。なお2名の併合申立が許容された例でもある。	残業代金・退職金
160	105日	第3回	24条決定	派遣会社	6人の退職者の時間外手当とパワハラによる損害賠償。2人が未払賃金の支払い請求。	24条決定で本訴に移行。	時間外手当を和解金として解決。金額の多少にかかわらず、1人100万円を支払う。未払賃金はそれに加算する。解決を急いだ理由があり、このような内容となった。	残業代金
161	60日	第2回	調停	飲食関係会社	残業代＋慰謝料請求。（全くマクドナルド事件と同様事案。）	時間外満額＋慰謝料込みの解決金で合計約500万円（マクドナルド事件の応用）。	労働審判のため付加金請求部分は取り上げられなかったが時間外手当に慰謝料部分も加えて請求額はほぼ満額となり早期解決も得られた。労判例997号「遊筆」で取り上げた事例。	残業代金

233

番号	終結までの期間	終結期日	終結種別	相手方	申立内容	終結内容	コメント	主な論点
162	63日	第2回	調停	健康食品販売	①残業代140万円②付加金140万円③不法行為による3年前にさかのぼる残業代相当40万円④慰謝料100万円。（相手方代表者の毒舌口調等による退職勧奨等によりうつ発症し退職した女性労働者。）	金170万円。	タイムカードや営業日報等から確実な請求金額140万円をさらに審判委員会が30万円積み増しして解決した例。審判委員会は第1回期日で140万円解決のスッキリ提案をしたが審尋の場で代表者の詰るような口調に涙ぐむ申立人の姿を見て「なお積み上げをしてみましょう」と述べて30万円を増額した。審判委員会が相手方をどのように説得して金額積み上げを図ったのかは興味深い。	残業代金
163	126日	第3回	審判	タクシー会社	タクシー運転手の残業・深夜手当の請求・5名を1件で処理。	5名合計で3,137,346円支払えとの労働審判。	相手方異議。1年4か月後に判決。326万円の判決と付加金。控訴せず確定。	残業代金
164	107日	第3回	審判	食品会社	時間外・深夜手当合計567万円を退職後に請求。会社は管理監督者だから払わないと主張。タイムカードあり。	300万円支払えとの審判。	申立人異議申立本訴移行。10か月後に450万円の解決金。管理監督者でないとの心証で和解。	残業代金
165	92日	第3回	調停	船舶会社	退職者2人で時間外手当を約224万円の請求。会社は一部しか認めない。各人ごとに申立。	退職者2人に120万円と50万円の計170万円を2週間後に払う。	タイムカードがなく請求の75%の解決金となった。	残業代金
166	85日	第3回	調停	同上	時間外手当846万円の請求。会社は管理監督者だからといって支払拒否。	450万円の解決金を分割払い。	労基法上の管理監督者に当たらないという心証で調停。タイムカードがなく、5割強の解決金となった。	残業代金

巻末資料　労働審判事例一覧・労働審判調書

番号	終結までの期間	終結期日	終結種別	相手方	申立内容	終結内容	コメント	主な論点
167	71日	第3回	調停	運送会社	懲戒解雇されたが、それ自体は争わず2年分の時間外手当の請求。	200万円の解決金。	全額歩合制賃金と判断されたため請求の2割。審判官も審判員も姿勢が悪く、審判員はこの不景気で時間外手当を請求するのが問題と発言。後で審判官に抗議。	残業代金
168	81日	第3回	審判	ホテル・寮の運営会社	101万円の請求・時間外手当計算の仕方の違いで会社は約半分支払うと言っていたが申立人は不服で申立てた。	55万円の解決金の支払い。	申立人異議申立本訴移行。本訴で67万円で和解。	残業代金
169	103日	第3回	調停	美容院	男性の美容師見習いの労働者が時間外手当て432万円の請求。	300万円の解決金。	就業時間後の居残り時間の立証が薄かったため請求の約7割となった。申立人にやや厳しい内容となった。	残業代金
170	56日	第2回	調停	土木建設業	職場でケンカとなり、翌月から仕事をさせてもらえなくなったため退職した。退職までの賃金分と時間外手当の請求。タイムカードはないが日報あり。	退職までの賃金はノーワーク・ノーペイで支払いなし。時間外手当は請求の78パーセント、82万円の解決金で終了。	本訴まで行けば時間外手当は請求額通り取れたと思われるが申立人が解決を急いだため妥協。	残業代金

235

番号	終結までの期間	終結期日	終結種別	相手方	申立内容	終結内容	コメント	主な論点
171	52日	第1回	24条決定	飲食業	ソムリエバーテンダーとして勤務していたが時間外手当は一切払われていない。タイムカードによって請求した。相手方は管理監督者であるから払わないと主張。	双方の主張に開きが多過ぎて、本訴で決着をつけることになった。	審判官は請求額の半分くらいで話し合ってみないかと言ったが、拘束時間が明確であるので申立人が拒否したところ24条決定となった。本訴で900万円で和解。	残業代金
172	72日	第3回	調停	製薬会社	残業代請求。（事業場外みなしが適用されるかどうかにつき事業場内労働がかなりあった事例。）	請求額の約1/3の解決金（120万円）。	事業場外みなしの適用があるのかどうかの論点。タイムカードなど時間資料がなくその他の資料で時間外時間を証明しようとした事案。	残業代金
173	74日	第3回	審判	飲食店	残業代請求。（調理人2名の並行申立。）	請求額の約1/3の解決金。	ユニオン加入で団交するも決裂し審判申立。相手方は倒産寸前のため調停できず審判。審判後訴訟移行。相手方経営悪化のため審判時より低額の和解で終了。	残業代金
174	42日	第1回	調停	青果販売等	残業代請求。	① 請求額全額（約480万円）の支払義務確認 ② 内金300万円の分割支払義務確認＋円満支払完了の場合、残額免除。	一部欠落があるが90％以上整備されたタイムカードによりほぼ満額の残業代が確認された例。ただし相手方の資力欠乏のため一部支払い完了時に残額免除とせざるを得なかった。	残業代金

巻末資料　労働審判事例一覧・労働審判調書

番号	終結までの期間	終結期日	終結種別	相手方	申立内容	終結内容	コメント	主な論点
175	58日	第2回	調停	トリマー等養成専門学校	残業代請求（いわゆるメモによる残業時間主張）。	申立人が職務に励んだことの礼と解決金120万円。	相手方オウナーの勧誘により入社したが役員給与の給与項目など不可解な項目での給与に甘んじて来た。タイムカードもなかったので定年を迎えるに際して相談を受け、いわゆるメモによる勤務記録を続けるよう指導した。他の従業員たちは以前に訴訟によって残業代を請求したが時間資料は揃わなかったと聞く。	残業代金
176	42日	第1回	調停	紙・紙製品販売	残業代として180万円請求。（時代に逆行して2年前にタイムカードが廃止されて以降、メモやPCの執務記録をもとに時間外時間を割り出して計算した事案。）	解決金120万円。	2年間分として180万円弱の請求（在職期間は2年弱。付加金請求なし。時効3年主張なし）。使用者側代理人は「時間外時間の存在は認める」しかし「残業単価について一部譲歩をしてもらいたい」と審判前に譲歩案を伝えてきた。想定水準以上の金額となったので第一回期日に双方代理人のみ出頭して解決した例。相手方代理人が事案に適切な対応をした好例と評価される。	残業代金
177	184日	第3回	審判	サービス業	退職後に時間外手当（主として手待ち時間の労働時間性）の割増賃金請求。	請求資料が乏しかったが、業務の性質上明確な休憩時間が設定されていなかったことから、労働者の主張にそって満額の200万円の解決金支払いを命令。	使用者側の異議申立後、本訴で若干の減額をしたうえで和解成立。	残業代金

237

番号	終結までの期間	終結期日	終結種別	相手方	申立内容	終結内容	コメント	主な論点
178	78日	第3回	調停	飲食店	飲食店店舗の社員2名。他にアルバイトが6,7名いた。残業代が未払いのため2名1件の併合申立を行った。割増賃金請求事件。	請求額の約90%。	会社は管理監督者であるなどと抗弁するも取り合ってもらえず。最終的に端数を切り捨てることと若干の譲歩によって調停成立。	残業代金
179	90日	第2回	調停	IT	退職後残業代を請求した事件。年収約600万円の労働者に対し特に理由なく残業代を支払っていなかったもの。	請求額の8割。	もっぱら金額の調整に終始。時間資料としては日報を使用した。	残業代金
180	30日	第1回	調停	自動車販売会社	2人で410万円の未払賃金の請求。事件数は1件で処理。	満額の支払義務を認める。但し1年間の分割払い。	申立人の1人は役員（登記上取締役）だから賃金を支払わないとの主張。しかし仕事の実態から労働者性ありとの心証で調停。	基本賃金
181	81日	第3回	24条決定	自動車教習所	自動車学校指導員の賃金差別。差額分の損害賠償請求。	24条決定で本訴に移行。	正社員となっても他の正社員と同じ賃金に是正しなかったことが不当労働行為と争ったケース。地裁で敗訴、高裁で勝訴、最高裁で確定。	基本賃金
182	56日	第2回	調停	広告会社	退職日まで40日間有給休暇をとったところ管理職だからとして賃金を払わない。そのため40日分の請求。	解決金として140万円（ほぼ満額）。	管理監督者でないとの心証に基づく調停。	基本賃金

巻末資料　労働審判事例一覧・労働審判調書

番号	終結までの期間	終結期日	終結種別	相手方	申立内容	終結内容	コメント	主な論点
183	40日	第1回	調停	通信機器	時間外手当（約180万円）＋損害賠償（100万円）請求。（上司から業務能力が低いことを日常的に恫喝されていたことがハラスメントに該当する。タイムカードも設置されていないため自宅PCに帰宅時「帰宅メール」を送信して労働時間の証明とした。）	解決時に会社都合退職。給与支払いと退職金。解決金200万円。	上司からの所定時間後の「勉強会」と称する場での説教、恫喝、罵倒に苦しみ退職含みで時間外手当請求と慰謝料請求の申立をした。社内メールや申立人に書かせたノートに残された悍ましいばかりの上司の罵倒表現や体裁は書証としてコピーするのも憚られたため審尋での口頭説明の補助として現物を持参した。同席した上司は「教育、しつけ」と平然と説明したため代理人として「これがハラスメントでなくて何がハラスメントか？」と思わず批判した。調停に入ると審判委員会から「代理人が直接批判しないでほしかった。審判委員会として相手方に強く諫めるつもりだった」と代理人以上に衝撃を受けたことが伝えられ、申立人の要望通りの調停が進められた。	残業代金
金銭請求／退職金									
184	70日	第2回	調停	市の共済組合	理髪店閉鎖に伴う補償としての損賠請求（4名）。事件数については1件で処理。	月額謝金の31.9か月分の支払い、業務委託契約の確認。	業務委託契約書が存在し、労働者性に問題があり、本訴ではとうてい認められないケース。	退職金
185	101日	第3回	審判	病院協会	業務外傷病による退職にもかかわらず自己都合退職として規程の3分の1しか支払われなかった事例。	請求額1381万円のうち、1300万円払えとの判断。	相手方異議申立本訴移行。2010年10月勝訴判決。2011年3月高裁にて満額の支払いで解決。（相手方代理人に問題あったケース。）	退職金
186	49日	第1回	調停	機器製造	賃金の遅配・欠配が続いたため退職。退職金を相手方は資金がないと言い張り支払わないので各人ごとに申立。	申立人6人の各退職金（787万円～155万円）の均等分割払い。	審判委員会より申立通りの金額を3年均等分割払いの和解案が出され、承諾しなければ審判をするとなったところそこで和解成立となった。	退職金

239

番号	終結までの期間	終結期日	終結種別	相手方	申立内容	終結内容	コメント	主な論点
187	69日	第3回	取下	医療法人	債務不存在。(個人医院から法人化する間に支弁した退職金をもって退職時期の退職金は不存在。)	取り下げ後本訴提起。	個人経営から法人化されるにあたり退職金規定が承継されるか。個人経営時代に支払った退職金が法人の退職金の一部弁済とみなされるかの争点について消極との印象が示されたため取り下げた。	退職金
188	45日	第1回	調停	社会福祉法人	退職金差額請求。(在職中賃金が退職金算定基準額に達していないとして差額退職金請求。)	解決金60万円。	退職金共済の上での基本給と実際の基本給との食い違いがあるため既受領退職金を超えて更に退職金請求をした事案。	退職金
189	88日	第2回	調停	広告会社2社	退職金216万円の請求(相続人の妻からの請求)。相手方は支払い能力が乏しく払えないというため親会社も相手方とした。	解決金176万円のうち、期日までに支払えば140万円。そのうち40万円は親会社の支払い。残金を相手方は月10万円の分割払い。	相手方に支払能力がないと言われ続けてきた。苦労して親会社を引っ張り出したところ、何とか解決した。	退職金
190	68日	第2回	調停	乳製品の製造販売会社	解雇に伴う退職金582万円の請求。解雇理由があると称して相手方は払わないので申立。	550万円の支払い。	請求退職金の約95%。5%の割引は早く調停を成立させるために譲歩。	退職金

240

番号	終結までの期間	終結期日	終結種別	相手方	申立内容	終結内容	コメント	主な論点
	金銭請求／損害賠償							
191	80日	第3回	調停	商社	退職させようと数々の嫌がらせを受けてきた。労働者が会社へ出社できなくなったことを理由に慰謝料と出社できなかった期間の賃金を求めて申立。	退職合意。約300万円の支払い（慰謝料、賃金相当分を合わせての額）。	上司が社員に、当該労働者を無視するように要請していたメールを同僚が提供してくれるなどしていじめが概ね認定された。あとは退職含みでの調停で結論としてこの金額となった。	ハラスメント
192	47日	第1回	審判	機械機器製作加工会社	労災で1625万円の請求。	1311万円の支払いの審判。	立替金と労災補償金を差し引いた満額支払いの判断。相手方異議申立したため本訴で1100万円で和解（原告が解決を急いだため）。	労働災害
193	43日	第1回	調停	エネルギー関連製造	損害賠償請求。（専門的な決算業務を担当していたが同僚の配転等によりある決算期が多忙を極め長時間労働に従事し、うつに罹患。休職後復職したが労災申請は棄却されている。安全配慮義務違反を根拠に損害賠償請求。）	①任意退職確認 ②退職金額確認と支払い ③双方遵守事項。	第1回期日を目前にした時期に申立人の違背行為が発覚した。相手方代理人から「申立人に懲戒解雇の危険性もあるが自主退職するのであれば退職金支払いを工夫して倍額程度支給できる。」との情報があり、審判期日において離職条件を確定した。規定退職金の2倍を超える支払いを受けて退職した。（調停条項外の和解）	精神疾患
194	55日	第2回	調停	寝具の販売会社	地位確認は求めず、解雇に伴う慰謝料のみ請求。職場でのいじめや喫煙について社長に労働環境の改善要求書を出した。そのことを理由に退職勧奨、拒否したら解雇された。	解決金（賃金の4.3か月分）。	申立人は職場に戻りたくないと言うので慰謝料請求のみをしたが、それで良かったかどうかは疑問。	ハラスメント

241

番号	終結までの期間	終結期日	終結種別	相手方	申立内容	終結内容	コメント	主な論点
195	77日	第3回	調停	番号29と同一	損害賠償請求。（代表者のパワハラを理由とした事例。番号29の申立人を支援したとして代表者から疎まれ居たたまれず退職を決意した申立人が使用者の横暴に怯えて退職も言い出せなかったためハラスメントの賠償という構成で請求した。）	有給取得、賞与額是正、欠勤控除是正、退職金支払等退職に関する円満解決を目的とした調停。	在職者申立。労働審判期日を活用し期日において有給取得の開始、退職日の設定、退職金額の確定などのテーマについて審判委員会を交えて退職段取りを整えた。ゴールを決めて期日を設定することは労働審判だからこそできる。解決内容も然りながら3回期日という期日設定の妙味により解決した例。労働判例1019号97頁「労働審判ダイジェスト」掲載例。	ハラスメント
196	43日	第1回	調停	再生エンジン等製造	損害賠償金220万円請求。（申立人は相手に雇用されたものの、製造工程が会社のHP説明と異なり従業員として良心の苦痛を強いられたこと、会社幹部・従業員などが「たるんでいる」「指示命令が混乱している」状況で苦痛労働を強いられたことなどを原因とする慰謝料請求の申立）	金50万円の解決金。（給与2か月相当）	相手方会社には、過誤により試用期間を過ぎた段階で留保された解雇権行使をしたとも見られる不手際があった。申立人が慰謝料請求に留めたため解雇論争に踏み込まなかった。審判官は「解雇無効主張で申立されればこの程度では済まない」と給与の2ヶ月分の提案をし、当方も見込んでいた金額のため受諾し第1回期日解決となった。	ハラスメント
197	47日	第3回	審判	製造業事務労働	パワハラ理由に退職意思表示後、自らあっせん申立するが不調。役員個人も含め不法行為に基づく損害賠償請求。	裁判所が調停試みるが不成立。損害賠償として100万円を命じる審判。	すでに退職届を提出していることから、個人加盟組合も交渉を断念。労働審判委員会はいじめがあった判断を前提に命令。使用者側は異議申立したが本訴で和解解決した。なおパワハラ当事者（常務）も審判の当事者に加えたが特に異論なく進行した。	ハラスメント

巻末資料　労働審判事例一覧・労働審判調書

番号	終結までの期間	終結期日	終結種別	相手方	申立内容	終結内容	コメント	主な論点
198	70日	第3回	調停	製造	使用者申立の事案。労働者が激しいパワハラを受けたため合同労組に加入し、労組が厳しい団交をしていたところ、債務不存在の労働審判を申立ててきたというもの。労働者は、パワハラの存在を主張して損害があると主張した。	退職合意と正規の退職金に1000万円を加算。	審判期日における代表者の言動からもパワハラ発言（死ね等）が裏付けられた。また労働者は長年勤務し会社への貢献度も高かったことから定年まであと7年あることも加味した退職加算金として調停が成立した。	ハラスメント
199	45日	第1回	審判	タクシー会社	二種免許取得教習費用を立替でなく利息付きで約30万貸付36回払いで給与から天引。支払終了後25万円返還。申立人らは差額5万円の返還と損賠5万円の支払請求。申立人17名。	差額分各5万円の支払の審判。	相手方異議申立。9か月後に申立人ら敗訴判決が出され、控訴したが棄却された。	不当利得
200	37日	第1回	調停	自動車関連会社	損害賠償請求。（うつに罹患し休職し給与減少したことが会社の安全配慮義務違反であるとして損害賠償。）	100万円の解決金。労災申請などしていないまま、かつ時効の問題もあったが、相手方との間の紛争終結を目的とした解決とした。	在職者申立。職制上の担当と業務指示とが齟齬するなど不適切業務が繰り返されて心因反応と診断された。2回にわたり休職・復職を繰り返したため休職中の賃金減額回復を求めた。	精神疾患

243

番号	終結までの期間	終結期日	終結種別	相手方	申立内容	終結内容	コメント	主な論点
201	50日	第1回	調停	土木	150万円余の損害賠償請求。(日常暴力が蔓延する職場にいや気がさして退職申し出をしたところ代表者から「前借金を耳をそろえて残額を即刻返せ」と言われ、また会社幹部からパイプ椅子で頭部を殴られて全治20日間の負傷を負った事案。)	87万円の解決金から会社貸付金77万円を控除した10万円の解決金。	相手方へ入社するときに100万円の借入を受けて就職した借入金の残額処理が目的の事案。退職日までの給与(約35万円)と貸金残77万円の差を治療費と慰謝料、休業損害などを積み上げて解決した事例。	傷害・ハラスメント
202	77日	第3回	調停	保育園	保育士が、社会保険未加入であったためその加入と有給休暇取得を妨げられたためその損害賠償を求めた事案。	社会保険の遡及的加入と有給休暇の残を金銭に換算し一部支払う。	当初は本人申立の事案。途中から代理人が入って調停が成立した。	有給休暇取得妨害
203	105日	第2回	審判	製造業	休業後、復帰時期について指示がなく事実上の退職勧告に対して労務提供の受領拒否であるから賃金債権は発生しているとして請求した事案。	審判で労働者の請求全額を認容。	相手方の異議により本訴移行。和解手続。労働者の職場復帰後の配置を含め条件交渉を行い就労条件を確定した上で職場復帰。	復職妨害
人事/配転・降格									
204	64日	第2回	調停	自動車販売会社	地位確認。(自動車販売セールスマンの配転事案。配転元の担当は外され配転先の担当はない(新規開拓しかない?)。あまりに不公平な配転勤務の事案。)	従前店舗勤務を事実上容認した勤務配慮条項+次期配転時には従前店舗に配転することを配慮するとの希望表明を調書に明記。	在職者申立。あまりに不公平な勤務につき審判官が審尋の際、代表者に「この人にノルマを課してはいけないでしょう」と詰め寄る場面もあった。事実上配転元での勤務継続を容認する調停。	配転

巻末資料　労働審判事例一覧・労働審判調書

番号	終結までの期間	終結期日	終結種別	相手方	申立内容	終結内容	コメント	主な論点
205	18日	期日前	取下	水処理	地位確認。（脳梗塞発症従業員に遠方配転打診があり、これがため更にうつ病を発症した事案。）	取り下げ。（労働組合が会社と交渉中であったが労働審判申立を契機に「取り下げを前提に配転命令を撤回し、以後不利益ないことの確認」が得られる見込みとなったため取り下げた。）	労働組合と会社の交渉の行き詰まりを労働審判で克服しようとしたところ、相手方は労働審判手続きを嫌がって「取り下げ」を条件に配転命令撤回するとの団体交渉により解決した例。	配転
206	129日	第3回	調停	機械加工会社	地位確認（配転無効）＋慰謝料（違法査定）。	人事考課の適正運用、適切な業務遂行の姿勢（双方）などの確認。金銭給付条項なし。	労働組合の委員長であった申立人に対する配転及び人後考課の違法を訴えて、もともと県労委→中労委まで争ったが、事案収束を所期して労働審判手続による解決を目指した。相手方（代理人）と管轄合意して解決。長期にわたる労使紛争が労働審判で解決した例。	配転
207	90日	第3回	調停	旅行	配置転換させられた上、当該配置における能力評価を低くされ、それにより降格と賃金減額がなされた労働者がこれを不服として申立てた事案。差額の賃金請求と降格無効確認請求。	職位の回復と賃金減額の一部取り戻し。	労働審判では難しいと思われたが、使用者側の弁護士の説得もあり、このような結果となった。	降格

245

番号	終結までの期間	終結期日	終結種別	相手方	申立内容	終結内容	コメント	主な論点
					人事／懲戒処分			
208	72日	第3回	調停	設備会社	地位確認。（配転無効＋懲戒処分無効）＋慰謝料（同僚がセクハラを受けたことを社内で問題視したことにより戒告処分と共に配転された本社従業員の請求。）	①社内セクハラ指針の見直し②相談員の選任、周知方法の改善③申立人に対して不利益取り扱いしないことの確認④申立人は戒告処分を認める。	一人の従業員の行動により会社規定の見直しを全社的に行わせた。また被害者本人は紛争に主体的ではなかった。個別労働紛争の解決の形を取りながら社内セクハラ規定の見直しをさせた例。	配転・懲戒処分
209	105日	第3回	調停	製造会社	地位確認。（不十分な調査を基礎にした懲戒処分（職能給ランクの変更）の取り消し。）	解決金として約3年分（相手方申し出額の3倍）の給与相当＋規定の退職金。	比較的軽微な懲戒処分であるが、懲戒事由について相手方が過剰認定したとの事案である。懲戒条項の不正確な適用のため審判官から「審判であれば懲戒処分取り消しとする」との心証開示の下、申立人が将来に展望を見いだせないことから雇用継続を断念せざるを得なくなった。会社規程の「早期退職制度」の柔軟適用により解決金は約3年分相当とした。なお別に規程の退職金が支払われた。	懲戒処分
210	88日	第3回	調停	学校	私立小学校の副校長が現金の管理をしていたところ、帳簿と残額が合わず、横領したとして停職（8か月・無給）と降格をされた事案。本人は横領は否定し、懲戒無効で労働審判を申立てた。すると、学校は、第1回労働審判期日直前に懲戒解雇をし、二重処分をしてきたという事案。懲戒無効と解雇後は地位確認請求を追加。	14か月分（無給期間の賃金＋6か月）。	本人が横領したという証拠はないにもかかわらず、重い処分であったことや、明らかに無効な懲戒解雇をしてきたことから審判委員会の心証は使用者に対し厳しかった。＋αの部分は、学校法人であり資産がそれほどないということが考慮され、高額にはならなかった。	懲戒処分

番号	終結までの期間	終結期日	終結種別	相手方	申立内容	終結内容	コメント	主な論点
211	95日	第3回	調停	学校	数名の学生からのクレームにより大学教授である申立人を懲戒（停職10日）し、さらに教職を解く配転を行った。これを不服として懲戒及び配転の無効を求めて申立。	懲戒処分の撤回。ただし申立人は自主退職し解決金400万円。	学生のクレームは一方的なものに過ぎず事実調査が甘かった。他の学生からは評判も良かったのでそれが決め手となった。退職は本人の希望によるもの。	懲戒処分
特殊／派遣									
212	93日	第3回	審判	派遣元	派遣先に対する地位確認。派遣元に対する損害賠償を求める。（派遣元と派遣先の資本関係は共通。）	請求をすべて棄却。	理屈はともかく労働審判委員会の姿勢が問われる判断。6年もの間、違法派遣状態であったことを考慮するならば、きわめて冷淡。その後も本訴となって長期化したことを考慮すると判断に疑問が残る。	派遣契約の合意解除
213	98日	第3回	審判	派遣先（製造業）	外国人である労働者らが解雇された後派遣先に対して交渉を求めていたところ派遣先会社から直接雇用義務ないことを求める使用者からの申立事件。	24条決定。	一部和解も検討されたが労働条件の合意ができず、決裂。本訴では、労働側の請求棄却。	偽装請負

番号	終結までの期間	終結期日	終結種別	相手方	申立内容	終結内容	コメント	主な論点
214	90日	第3回	審判	派遣先（商社）派遣元	いわゆる期間制限派遣の実態なのに政令指定派遣として5年以上勤務。派遣先の違法状態の整理など派遣先都合による派遣契約の解約に対し派遣先に対する地位確認。派遣元に対する損害賠償請求。	派遣先と派遣元それぞれに対し1か月分（合計で2か月分の賃金相当額）解決金の支払いの命令。	派遣元、派遣先双方に1か月の給与分を命じる判断は結論だけで論理は不明。違法行為があったことを根拠としたものと思われる。労働者側も金額面での納得が出来ず双方が異議申立。本訴の和解では2倍強の解決金で和解となったことを考慮すれば、審判委員会でもうすこし調停を練るべき事案。しかし212、213と比較すれば、委員会で就労期間を考慮して解決金を提示したことは評価できる。	業務の偽装
215	129日	第3回	審判	派遣元	外国人である申立人ら8名が偽装請負で就労していた事案。労働紛争から解雇されたが、契約書のないずさんな契約であり、解雇無効と地位確認バックペイ請求。8名連名での申立は認められている。	地位の確認と3か月の平均賃金の支払いを命じる審判。	審判から一週間後に、異議後の本訴の和解期日が指定され裁判所から和解の勧告。バックペイの支払と派遣先との交渉に協力（偽装請負であったことを認め資料提供する）内容を含め和解成立。その後派遣先との交渉により数名が派遣先で直用される。	派遣元による不当労働行為
216	88日	第3回	審判	派遣元	外国人である申立人ら5名が偽装請負で就労していた事案。労働紛争から解雇されたが、派遣元が期間の定めない契約であったため解雇無効による地位確認請求を派遣元に対して申立した。5名連名による申立認める。	バックペイと地位確認を認める。	本訴も確定したが、その後倒産のため、雇用責任は果たされず。	派遣元による不当労働行為

巻末資料　労働審判事例一覧・労働審判調書

番号	終結までの期間	終結期日	終結種別	相手方	申立内容	終結内容	コメント	主な論点
217	144日	第3回	審判	派遣元	公的機関の運転業務について入札出来ず解雇された事案について派遣元である受託会社（派遣元）に対する地位確認とバックペイを求める請求。	解決金として6か月分の賃金相当額を各人に認める。	異議が出され本訴で減額された。本訴では雇止めの正当事由となるのかという論点が加わった。	入札失敗
218	63日	第2回	調停	派遣元	地位確認請求。（まさにリーマンショックの余波による期間内の派遣切り事案。10人並行申立。申立人の所在地は北海道から沖縄まで跨った。）	合計650万円の解決金（1人当たり給料約3か月分）。	相手方は24条終了の意見を述べたが審判官は「10人で合計30回まで期日が持てるから24条にはならない」と宣言し、第2回目期日で解決案を提示した。期間雇用の期間前解約の違法が明らかな事案。	不況による派遣契約解除
219	50日	第1回	調停	派遣先（製造業）派遣元	派遣先業務に起因する精神疾患での契約解除。事前面接、業務偽装の疑いなど数多くの違法派遣の問題あり派遣元派遣先両者への地位確認請求。	派遣元からの解決金支払い（約6か月分）。派遣先の申立取り下げを内容とする調停成立。	外国での新卒大学生の面接のうえに派遣先が採用決定している点、休業にいたる精神疾患の原因は派遣先にあるなど派遣先に問題点が多かったが、審判官主導で「雇用主たる」派遣元に賠償責任を負わせ、派遣先に対する申立は取り下げる調停案となった。依頼者本人も退職を希望していたため、解決金による解決の選択となった。	違法派遣

249

番号	終結までの期間	終結期日	終結種別	相手方	申立内容	終結内容	コメント	主な論点
					特殊/その他			
220	51日	第2回	調停	外資系商社	ヨーロッパに本社のある企業の日本法人における社長。ただし当初の契約は労働契約で、日本法人設立に従事した。日本法人設立後も従来の契約が残っていた。会社は、社長を日本法人の業績不振を理由に解雇したので、この無効を主張して地位確認請求を申立てた。	9か月分（約1000万円）。	労働者性が争点となったが、肯定的に捉えられたと思われる。日本法人の社長ではあるものの、部下は派遣社員1名しかおらず予算、人員の採用、商品の値段などは全て本社が決していたなどの事情があった。その上で、業績不振についてはある程度の不振はあるものの改善傾向もあったことから賃金9か月分で調停が成立した。労働審判でなければかなり時間を要したと思われるが、短期に解決できた。	能力不足解雇
221	90日	第4回	調停	飲食店（クラブ）	罰金と称して給与から天引きされていた分及びその他諸々の理由による天引きがなされていたので、その天引き分を賃金請求した事件。会社は「銀座ルール」と称して遅刻や欠勤に対し高額な罰金を徴収するため給与から控除していた。	請求額の7割程度。	労働者性が争点となった。労働者との心証は得られたと思われる。ただし会社の資力が乏しい等の事情や控除内容（税金など）から最終的に7割程度の解決となった。	天引き
222	50日	第1回	調停	エステ	有期契約労働者が、体調不良を理由に期間途中で退職しようとしたところ、使用者から損害賠償を示唆されるなどした事案。また、退職したにもかかわらず、退職を認めず、離職票等を発行しないため労働者は困り果てて、退職したことの確認を求めて申立てた。また、最後の賃金などを支払っていなかったのでそれも求めた。退職日確認請求（本来は訴訟物として問題）と賃金請求。	退職したことの確認。損害賠償義務ないことの確認。未払い賃金の支払い。	退職にあたり「やむを得ない理由」があるか問題となるところだが、会社も労働審判ではそれほど退職を認めないことに固執しなかったのでスムーズに終わった。むしろ、交渉段階で交渉に応じてくれれば、と思うような展開であった。	退職拒否

(1) 労働契約終了に対応する労働審判調書

第3回労働審判手続期日調書（労働審判）

事 件 の 表 示	平成○○年（労）第○○○号
期　　　　　　日	平成○○年　○月　○日　午後　○時　○○分
場　　　　　　所	○○地方裁判所○○支部民事第○部労働審判廷
労 働 審 判 官	○○○○
労 働 審 判 員	○○○○
労 働 審 判 員	○○○○
裁 判 所 書 記 官	○○○○
出頭した当事者等	申　　立　　人　　　X
	申立人代理人　　　　A
	相手方代理人　　　　E

手 続 の 要 領 等

労働審判官
1.　審理終結
2.　次のとおり，労働審判の主文及び理由の要旨を告知
第1　当事者の表示
　　　○○県○○市○○
　　　　　申　　立　　人　　　X
　　　　　同代理人弁護士　　　A
　　　　　同　　　　　　　　　B
　　　○○県○○市○○
　　　　　相　　手　　方　　　Y株式会社
　　　　　同代表者代表取締役　C
　　　　　同代理人弁護士　　　D
　　　　　同　　　　　　　　　E
第2　主　　文
　1　相手方は，申立人に対し，申立人が相手方との間の労働契約上の権利を有する地位にあることを確認する。
　2　申立人と相手方は，本日，申立人と相手方との間の前項の労働契約を終了させる。
　3　相手方は，申立人に対し，本件解決金として○○万円の支払義務があることを確認する。
　4　相手方は，申立人に対し，平成○○年○月○日限り，前項の金員を支払う。
　5　申立人は，本件申立てに係るその余の請求を放棄する。
第3　申立てに係る請求の表示
　　　申立ての主旨及び理由は，労働審判申立書記載のとおりであるから，これを引用する。
第4　理由の要旨
　　　提出された関係証拠及び審理の結果認められる当事者間の権利関係並びに労働審判手続の経過を踏まえると、本件紛争を解決するためには，主文のとおり審判することが相当である。

　　　　　　　　　　　　　　　　　　　　　　　　裁判所書記官　　○○○○

(2) いわゆる復職に対応する労働審判調書

第3回労働審判手続期日調書（労働審判）

事 件 の 表 示　　平成○○年（労）第○○○号
期　　　　　日　　平成○○年○月○日　午後○時○○分
場　　　　　所　　○○地方裁判所第○民事部労働審判廷
労 働 審 判 官　　○○○○
労 働 審 判 員　　○○○○
労 働 審 判 員　　○○○○
裁 判 所 書 記 官　　○○○○
出頭した当事者等　　申　立　　人　　　X
　　　　　　　　　　申立人代理人　　　A
　　　　　　　　　　相手方代表者　　　B
　　　　　　　　　　相手方代理人　　　C

手 続 の 要 領 等

労働審判官
1．　審理終結
2．　次のとおり，労働審判の主文及び理由の要旨を告知
第1　当事者の表示
　　　○○県○○市○○
　　　　　申　　立　　人　　　X
　　　　　同代理人弁護士　　　A
　　　○○県○○市○○
　　　　　相　　手　　方　　　株式会社Y
　　　　　同代表者代表取締役　B
　　　　　同代理人弁護士　　　C
第2　主　　　文
　1　申立人が，相手方に対し，労働契約上の権利を有する地位にあることを確認する。
　2　相手方は，申立人に対し，平成○○年○月○日から本審判確定の日まで，毎月○日限り，月額○○万○○円及び各支払期日の翌日から支払済みまで年5分の割合による金員を支払え。
第3　申立てに係る請求の表示
　1　申立ての趣旨
　　　主文と同じ
　2　申立ての理由
　　　労働審判申立書記載のとおりであるから，これを引用する。
第4　理由の要旨
　　　提出された関係証拠及び審理の結果認められる当事者間の権利関係並びに労働審判手続の経過を踏まえると、本件紛争を解決するためには，主文のとおり審判することが相当である。

　　　　　　　　　　　　　　　　　　　　　　　裁判所書記官　○○○○

(3) 派遣先、派遣元を相手方とした労働審判調書

第2回労働審判手続期日調書（労働審判）

事 件 の 表 示　　平成○○年（労）第○○○号
期　　　　　日　　平成○○年　○月　○日　午後　○時　○○分
場　　　　　所　　○○地方裁判所第○民事部労働審判廷
労 働 審 判 官　　○　○　○　○
労 働 審 判 員　　○　○　○　○
労 働 審 判 員　　○　○　○　○
裁 判 所 書 記 官　　○　○　○　○
出頭した当事者等　　申立人　　　　　　　　　X
　　　　　　　　　　申立人代理人　　　　　　A
　　　　　　　　　　同　　　　　　　　　　　B
　　　　　　　　　　相手方株式会社Y代理人　　C
　　　　　　　　　　相手方株式会社Z代理人　　D
　　　　　　　　　　同　　　　　　　　　　　E

手　続　の　要　領　等

労働審判官
1.　　審理終結
2.　　次のとおり，労働審判の主文及び理由の要旨を告知
第1　当事者の表示　　別紙のとおり
第2　主　　　文
　1　相手方らは，申立人に対し，本件解決金として，それぞれ○○万円ずつ（合計○○万円）の支払義務があることを認め，平成○○年○月○○日限り，申立人方に持参または送金して支払う。
　2　申立人は，その余の請求を放棄する。
　3　申立人と相手方らとの間には，本労働審判に定めるほか何らの債権義務がないことを相互に確認する。
　4　手続費用は各自の負担とする。
第3　申立てに係る請求の表示
　　　申立ての主旨及び理由は，労働審判手続申立書のとおりであるから，これを引用する。
第4　理由の要旨
　　　提出された関係証拠，審理の結果認められる当事者間の権利関係及び本件の審理の経過を踏まえて，主文のとおり審判する。

　　　　　　　　　　　　　　　　　　　　　　裁判所書記官　　○　○　○　○

執筆者プロフィール

伊藤　幹郎（いとう・みきろう）

1940年生まれ。1963年3月早稲田大学第一法学部卒業。同年4月早稲田大学大学院法学研究科入学（修士課程・労働法専修）。1968年4月司法研修所入所（修習22期）。1970年4月横浜弁護士会登録、横浜法律事務所にて執務。2000年4月労働市民法律事務所設立。神奈川労働弁護団会長、日本労働弁護団関東ブロック会長を経て、日本労働弁護団常任幹事。
現在に至るまで一貫して労働者側代理人として活動してきており、使用者側代理人として事件を担当したことは一度もない。主任として関わった主な労働事件として、日産厚木自動車部品7名の除名解雇事件、全税関労組横浜支部賃金差別等事件、NKK高年齢者賃金差別事件など。
主な著作として、「組合役員選挙と組合民主主義」（日本労働法学会誌60号）他労働関係誌に論文多数。制度発足以来、解決した労働審判数は年平均15件。

後藤　潤一郎（ごとう・じゅんいちろう）

1949年生まれ。岡山大学卒業。1984年愛知県弁護士会登録。名古屋中央法律事務所。日弁連・労働法制委員会副委員長（2012～）。愛知県弁・労働審判制度対策特別委員会副委員長。日本労働弁護団常任幹事。東海労働弁護団幹事長。
主な著作として、「労働審判の現状と問題点」（季刊労働法229号）など。会社再建事件とともに労働事件多数。最近は労働審判が多い（制度開始以後担当した事件数は約100件）。

村田　浩治（むらた・こうじ）

1960年生まれ。立命館大学卒業。1990年大阪弁護士会登録。堺総合法律事務所。日本労働弁護団常任幹事。非正規労働者のための権利実現全国会議副代表。
主な著作として、『がんばってよかった－派遣から正社員へ』（かもがわ出版、1995年）、『Q&A過労死・過労自殺110番－事例と労災認定への取組み』（民事法研究会、2000年）など。松下プラズマディスプレイ事件（最高裁平成21年12月18日）、INAXメンテナンス不当労働行為事件（最高裁平成23年4月12日）などを担当。

佐々木　亮（ささき・りょう）

1975年生まれ。東京都立大学卒業。2003年東京弁護士会登録。旬報法律事務所。日本労働弁護団常任幹事。ブラック企業被害対策弁護団代表。
主な著作として、『問題解決労働法〈10〉紛争解決システム』（旬報社、2008年）、『弁護士専門研修講座－労働法の知識と実務』（共著、ぎょうせい、2010年）、『震災の法律相談』（学陽書房、2011年）など。労働事件多数。

労働審判を使いこなそう！
典型事例から派遣・偽装請負まで

2014 年 8 月 18 日　初刷発行

著　　者	伊藤　幹郎
	後藤潤一郎
	村田　浩治
	佐々木　亮
発 行 者	大塚　智孝
発 行 所	株式会社エイデル研究所
	〒102-0073
	東京都千代田区九段北 4-1-9
	TEL. 03-3234-4641
	FAX. 03-3234-4644

装幀・本文デザイン　株式会社イオック
印刷・製本　中央精版印刷株式会社

©2014, M.Ito, J.Goto, K.Murata, R.Sasaki
Printed in Japan
落丁・乱丁本はお取替えいたします。
定価はカバーに表示してあります。
ISBN978-4-87168-545-0